鹿城
龙湾
瓯海
洞头
乐清
瑞安
永嘉
文成
平阳
泰顺
苍南
龙港

温州市政协文化文史和学习委员会 编

温州城市名片

中国文史出版社

图书在版编目（CIP）数据

温州城市名片 / 温州市政协文化文史和学习委员会编 . -- 北京 : 中国文史出版社 , 2023.10

ISBN 978-7-5205-4357-6

Ⅰ . ①温… Ⅱ . ①温… Ⅲ . ①温州—概况 Ⅳ . ① K925.53

中国国家版本馆 CIP 数据核字 (2023) 第 186241 号

责任编辑：赵姣娇

出版发行：中国文史出版社

社　　址：北京市海淀区西八里庄路 69 号　邮编 :100142

电　　话：010-81136606　81136602　81136603(发行部)

传　　真：010-81136655

印　　装：温州市北大方印务有限公司

经　　销：全国新华书店

开　　本：787mm×1092mm　1/16

印　　张：15

字　　数：336 千字

版　　次：2024 年 2 月　北京第 1 版

印　　次：2024 年 2 月　第 1 次印刷

定　　价：100.00 元

温州地处东南沿海，是一个充满活力和魅力的城市。陆域面积 12102.65 平方千米，海域面积 8649 平方千米，常住人口 967.9 万人，辖 12 个县（市、区），185 个乡镇（街道），区域特色鲜明，文化特色多元。

这是一座"商行天下"的民营经济之城。"温州模式"书写传奇，温州人商行天下，拥有"中国电器之都""中国鞋都"等 44 个全国性生产基地，70 万人在世界各地、175 万人在全国各地创业发展。近年来，温州强化改革"探路者"的使命担当，加速"5+5+N"现代产业培育，展现"千年商港"新时代新景象。

这是一座赓续"千年文脉"的历史文化之城。文源深、文脉广、文气盛，中原文化、海洋文化、山地文化、移民文化等交汇交融，形成了独特的瓯越文化。当前，温州正大力实施"三年百项文化工程"，推进文化振兴，不断发掘千年瓯越文化的底蕴、精神和价值。

这是一座"幸福温暖"的宜居品质之城。四季温润，集山、江、海、湖、岛、瀑、湿地之大成，获评"中国气候宜居城市"，蝉联"中国最具幸福感城市"。近年来，温州深化高水平文明城市、全龄友好城市、平安法治示范城市建设，让温州成为过日子的好地方。

城市名片是一个城市最具辨识度的特色标志，是历史积淀、时代嬗变的集萃。今年以来，我们汇聚有关单位和专家力量，征编出版《温州城市名片》，首次萃取全市各地经典，集结 185 个乡镇（街道）精华，全面展示温州城市形象。该书图文并茂，旨在从历史脉络、文化传承、发展成就、未来展望等多重视角，深入挖掘、充分展示具有温州辨识度的历史文化元素和现代文明元素，提升城市知名度和影响力。

潮涌瓯江、奔向东海。让我们领风气之先、立时代潮头，坚定不移深入践行"八八战略"，持续擦亮温州城市名片，奋力谱写中国式现代化温州新篇章！

《温州城市名片》编委会

2023 年 10 月

目录
CONTENTS

江心屿

城市夜色

潮起瓯江竞先行　砥砺奋进新征程

　　温州，古称东瓯，位于瓯江下游南岸，濒临东海，拥有 355 千米黄金海岸线，自古就是浙南政治、经济、文化中心和水路交通枢纽，海上丝绸之路的重要节点城市。陆域面积 12102.65 平方千米，海域面积 8649 平方千米，辖 4 个区、3 个县级市、5 个县，常住人口 967.9 万人，2022 年全市地区生产总值 8029.77 亿元。温州是国家历史文化名城、东亚文化之都、全国文明城市、国家卫生城市、国家园林城市、国家森林城市，中共浙江省一大的召开地、红十三军的诞生地；是中国民营经济发展的先发地区、改革开放的前沿阵地。习近平总书记在浙江工作期间，23 次莅临温州考察，深情寄语温州续写创新史。

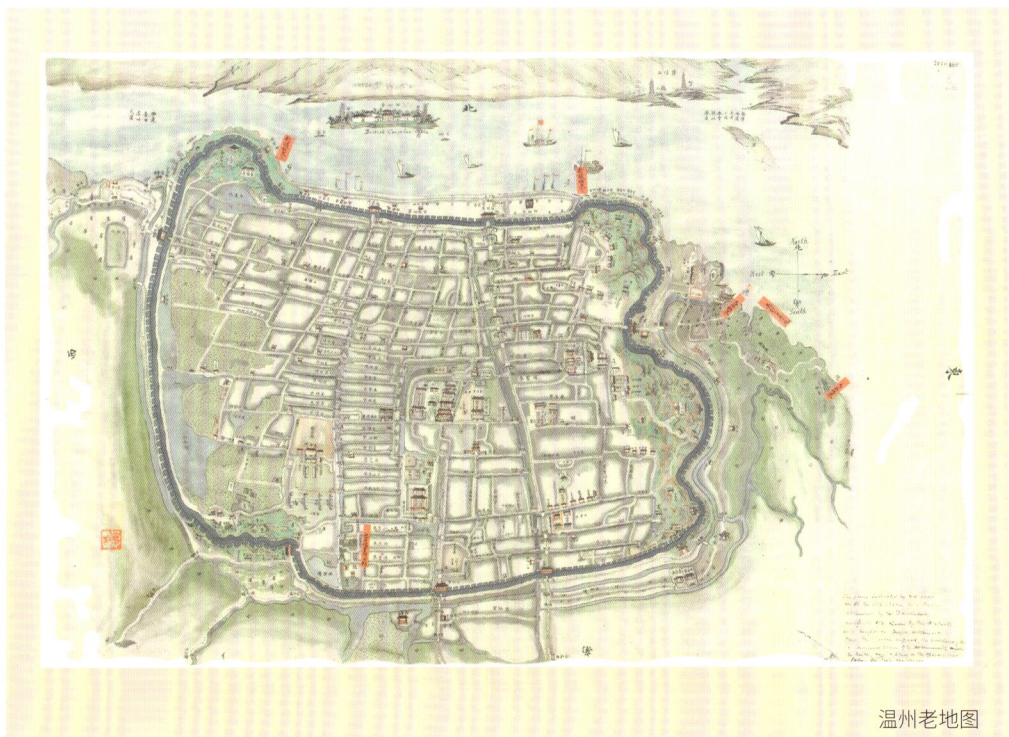

温州老地图

瓯剧

瓯绣

瓯越文化　源远流长

　　温州拥有 5000 多年渔耕文明史、2000 多年行政建制史、千年开埠通商史，历史底蕴深厚，文化内涵丰富。

　　乐清白石遗址、瑞安大坪遗址和鹿城曹湾山遗址的先后发现，见证了四五千年前先民在这片土地上筚路蓝缕、依山拓海的印迹。西汉惠帝三年（前 192），东瓯王国建立古东瓯国都城。东晋太宁元年（323），析置永嘉郡，建郡城，至今 1700 年，"山水斗城"格局犹存。唐高宗上元二年（675）置州，温州之名即始于此。

　　这里是佛教永嘉禅宗的祖庭、中国山水诗的发祥地，是南戏故里、百工之乡。南宋永嘉学派在这里诞生，所倡导的"义利并举""经世致用"理念，成为温州乃至浙江思想文化的重要基因。

这里曾经涌现出平秦佐汉的东瓯王驺摇、一宿悟道的永嘉大师玄觉、状元名臣王十朋、事功思想集大成者叶适、"南曲中兴之祖"《琵琶记》的作者高则诚、海外文化使者周达观、明朝"开国帝师"刘伯温等杰出人物；近代以来更是群星璀璨，一代经学大师孙诒让、新文化运动巨擘郑振铎、一代词宗夏承焘、新中国文物考古事业奠基人夏鼐等闻名遐迩；以姜立夫、苏步青、谷超豪等为代表的数学家群体，则让温州获得"数学家之乡"的美誉。

　　耕读之风的盛行，工商经济的繁荣，学术思想的争鸣，文学艺术的发达，革命精神的弘扬，铸就温州文化的多元和包容，塑造了温州人积极进取、创新求变的精神品质。

廊桥秋色

雁荡山

温州大学

温州模式　书写传奇

温州是一座创造辉煌的城市。作为我国首批 14 个沿海开放城市之一，温州在改革开放的大潮中，成为创业者的热土，创新者的乐园。

温州人满怀创业激情，敢为人先、大胆突破，点燃中国民营经济发展的星星之火，创造了以"立足民力、依靠民资、发展民营、注重民富、实现民享"为内涵的温州模式。"块状经济"富有特色，拥有中国电器之都、中国鞋都等 44 个全国性生产基地。全国第一张个体工商业营业执照、第一部私营企业条例、第一个股份合作企业地方性行政规章、第一家城市信用社、第一个实行金融利率改革……这些都彰显了温州人敢为人先的精神特质，书写了创业创新的传奇。

温州是一座充满活力的城市。175 万温州人遍布天南海北，70 万温州籍华侨分布世界各地。温州人把"温州模式"复制到全国各地，"温州城""温州街""温州市场"遍地开花；远渡重洋闯世界，让温州制造走出国

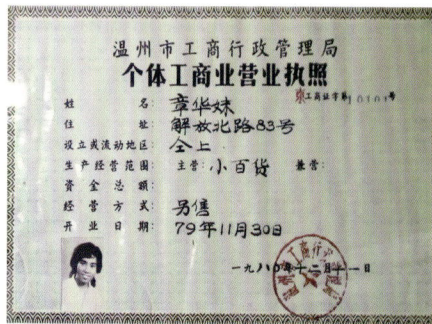
中国第一张个体工商业营业执照

门，与近 200 个国家和地区往来贸易。38 万温州人分布在"一带一路"沿线 57 个国家。温州拥有 6 家境外经贸合作区，数量位居浙江省首位。

温州是一座藏富于民的城市。集资造城镇（龙港农民城），集资建机场（龙湾国际机场），集资修铁路（金温铁路），集资办大学（温州大学），皆为温州民间资本的"大手笔"。温州之盛名，在于草根崛起的民营经济：占比 90% 的税收、92% 的工业增加值、95% 的外贸出口、93% 的就业人员、99% 的企业数量，为温州民营经济策源地的地位作了生动注解。

温州是一座充满温情的城市，义利并举的慈善基因代代传承，创立了"微笑联盟""明眸工程"等慈善品牌，塑造了"商行天下、善行天下"的温商群体形象。

现代商港　连通世界

一片繁华海上头，温州因水而生，因港而兴。

战国时期，温州就出现了原始港口的雏形，宋设市舶司，此后发展为全国重要的造船基地、外贸港口，是海上丝绸之路起点之一，温州朔门古港遗址考古重大发现为海上丝绸之路重要节点城市提供实证。瓷器、漆器、木雕、刺绣、蠲纸等走向海外，人谓"其货纤靡，其人多贾"。中华人民共和国成立后，温州港迎来新生，成为浙江省第一个外贸港口、我国沿海 25 个主要港口之一。温州

温州国际邮轮港开港首航

百岛洞头

从"瓯江时代"驶向"东海时代"。

进入新时代，温州牢记习近平总书记的殷殷嘱托，肩负起打造高质量发展建设共同富裕示范区市域样板的历史使命，实现经济大市向经济强市、创业之都向创新之城、全面小康向共同富裕的迭代升级。

近年来，温州获批创建新时代"两个健康"先行区、国家创新型城市、全国性综合交通枢纽城市、全国水生态文明城市、中国气候宜居城市、平安中国建设示范市等"国字号"名片；率全国之先设立民营企业家节，入选全国民营经济示范城市首批创建城市，创建全国社会信用体系建设示范城市；金融综合改革、财政支持深化民营和小微企业金融服务综合改革等走在前列，农村"三位一体"综合合作改革、社会力量办社会事业改革等成为全国样板；蝉联中国最具幸福感城市，夺取全国文明城市"三连冠"、全国双拥模范城市"五连冠"，世界青年科学家峰会取得丰硕成果。

滚滚瓯江，浩浩东海，港通未来，连接世界。从改革开放初期风向标式的辉煌走来，从创业富民、创新发展的实践走来，温州以更加开阔的视野，贯通历史、现在和未来，再燃激情、再展雄风、再创民营经济新辉煌、再谱改革开放新篇章，全面推进都市振兴、乡村振兴、产业振兴、文化振兴等发展战略，努力在中国式现代化进程中续写温州创新史。

1

东瓯名镇
魅力鹿城

鹿城始建于东晋太宁元年（323），相传筑城时有白鹿衔花之瑞而得名，是温州的政治、经济、文化中心。面积292.8平方千米，辖2个镇、12个街道，常住人口119.16万人，2022年地区生产总值1307.71亿元，蝉联中国最具幸福感城区。

千年古韵的山水斗城。鹿城依"通五行之水、连五斗之山、凿二十八井"而建，上应北斗，也称斗城。文化底蕴深厚，瓯剧、瓯绣等瓯越文化独树一帜，拥有"江心古屿、五马古街、朔门古港、九山古戏"四张国字号文化金

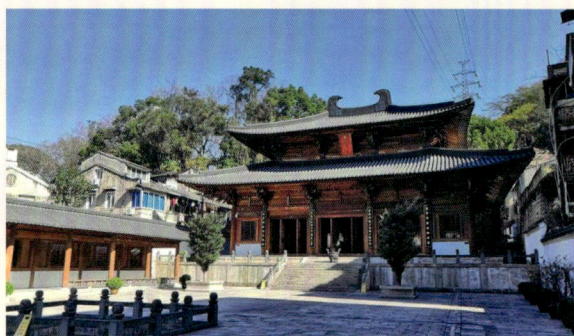
东瓯王庙

名片，是中国山水诗发源地、永嘉学派发祥地之一。谢灵运、文天祥、叶适等历史名人在此留存遗迹，是现代词学开拓者夏承焘、现代考古学奠基人夏鼐、国家最高科技奖获得者谷超豪的故乡。

敢为人先的活力商城。鹿城是浙南闽北的区域性商业中心，第三产业增加值占地区生产总值的75%，市场主体超15.7万户，北宋时期就有"一片繁华海上头，从来唤作小杭州"的美誉。鹿城人敢为人先，大力发扬"四千精神"，率先进行市场化改革，创造了全国第一张个体工商执照、第一位"个体户"、第一家批发市场、第一家股份合作制信用社、第一个"中国鞋都"，8.87万华侨华人遍布在全世界133个国家和地区经商创业。

幸福可感的大爱之城。鹿城社会事业发达，拥有省市级三甲医院8家，是全国区域教育发展特色示范区，2022年居民人均可支配收入位居全省第3，省级社会事业各类强区（示范区）全部创成。鹿城人素有乐善好施的道义情怀，"亲坊友邻，守望相助"的传统美德传承至今，红日亭被中央文明办誉为"全国精神文明建设的一面旗帜"，主城区每走15分钟就能找到城市书房，每3个常住人口中就有1名注册志愿者。

面向未来，鹿城将接续奋斗，铺开全域共建、全龄友好、全民共享的幸福画卷，以"建设首位城区、打造共富样板、争创先行示范"的昂扬精神奋进新征程。

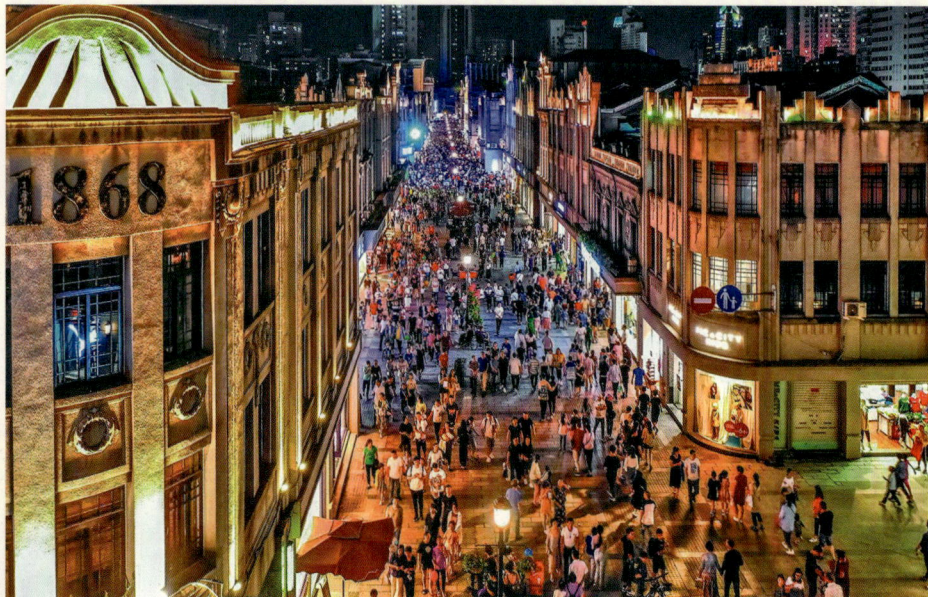
五马街夜景

五马街道

2001 年设立，因五马街得名。位于鹿城区中心，总面积 4.65 平方千米，下辖 14 个社区，常住人口 13.62 万人。

· 全国暖侨敬老示范点
· 全国社区教育示范街道
· 省文明街道
· 省首批城乡风貌样板区
· 省五星级侨胞之家

朔门古港遗址：位于望江东路东段，温州古城朔门外。考古发现了宋元时期的江堤、码头、沉船等遗迹以及大量瓷片标本、漆木器等遗物，为温州作为"千年商港"提供历史实物证据。入选 2022 年全国十大考古新发现。

东瓯王庙：位于华盖山西麓，共占地 2000 余平方米。汉惠帝三年 (前 192)，东瓯人文始祖驺摇助汉灭秦，俗称东瓯王。东瓯王庙即为纪念其而建。

谯楼：即鼓楼，位于广场路，相传为五代吴越王钱镠七子钱传瓘任温州刺史时所筑建，是温州内城仅存的遗址。

池上楼：南朝刘宋永初三年 (422) 谢灵运出任永嘉太守时所建，现位于中山公园积谷山西麓。谢灵运曾作《登池上楼》，"池塘生春草,园柳变鸣禽"名句脍炙人口。系市级文保单位。

公园路：位于温州古城东南，全长 580 多米，古时称县城隍巷，是温州文脉发祥地。现打造为历史文化街区，有孔庙、古城墙、中山桥、东山书院、飞霞洞、池上楼等历史遗存。

五马街：因相传东晋"书圣"王羲之任永嘉郡太守时"庭列五马"而得名，是温州第一条商业步行街，国家特色商业街、智慧商圈、旅游休闲街区、夜间文化和旅游消费集聚区。

五马街道

七都街道

古名"沙洲"，唐天宝年间由瓯江泥沙淤积而成。总面积12.7平方千米，下辖1个社区和6个行政村，常住人口2.32万人。

前沙瓯柑：前沙村种植瓯柑已有300年历史，是温州种植瓯柑最早的地区之一。

樟里村：村庄依河而建，独具江南水乡韵味，全国文明村镇、全国乡村治理示范村。

浙南著名侨乡：超2.65万海外华侨华人、港澳同胞分布在全球32个国家和地区。

海外传播中心：获评全国新的社会阶层人士统战工作实践创新基地、省华侨国际人文交流基地。致力于向海外传播中国好声音。

瓯越院士之家：2019年10月揭牌成立，是温州市引进集聚高端智力资源、促进经济社会高质量发展、提升首位度的重要载体。获评浙江院士之家。

规划重点：一园四心，"一园"为长三角科技企业总部园，"四心"包括温州国际智能制造产业化服务中心、温州国际科技金融中心、国际康养中心、国际教育中心。

七都大桥

滨江街道

城市阳台

世界温州人家园

2011 年设立。总面积 12.17 平方千米,下辖 10 个社区,常住人口 10.56 万人。

· 省现代服务业创新发展区
· 省生活垃圾分类示范片区
· 省百强乡镇

开平闸遗址: 始建于宋朝, 位于杨府山东麓。陡门总长约 16.75 米,闸 5 孔,市区现存年代最早的水利设施。系省级文保单位。

城市阳台: 2022 年投用,位于瓯江路。以"引绿入江、山水照映"为设计理念, 集文化、休闲、运动、观江等多功能于一体的亲水文化休闲空间。

光影码头: 位于瓯江路,国内首座城市滨水夜游新文化综合体,项目包含 3 个码头、7 个光影建筑。

世界温州人家园: 市委、市政府倾力打造的亮丽城市名片, 分为联络联谊、主题展示、创想服务和回归示范四大板块。

温州市民中心: 设有 8 大业务专区, 45 个部门(单位)2689 项事项集中进驻, 提供"一门、一窗、一次办"政务服务。

国际会展中心: 温州十大标志性建筑之一, 为温州中央商务区的心脏, 地处环境幽雅、风光旖旎的瓯江之滨, 享有盛名。

· 中国最具幸福感街道
· 全国党建引领创新奖
· 市级「乡贤助乡兴」实践基地

2015 年设立。位于鹿城区老城与新区衔接的核心区域，总面积 3.9 平方千米，下辖 8 个社区，常住人口 9.18 万人。

温州体育中心：集体育比赛、文艺表演、健身娱乐、购物展览于一体的多功能场所，是推广全民健身计划的基地。

温州少艺校：创建于 1976 年，是一所以少儿艺术教育为特色的小学基础教育特色学校，知名校友有黄豆豆、毛戈平、谷好好等。

吕浦公园：温州首个以盆景为主题的公园，园中有近 100 件展示浙风瓯韵的盆景。获省级"十佳盆景园"美誉。

城市岛屿：呈岛屿式布局的文创空间聚合体，植根于居民空间，充满青春洋溢的烟火气，为温州网红打卡新地标。

小坝坊：温州首个慢生活音乐文创街区。依托温瑞塘河文化，打造集文化、餐饮、住宿、娱乐休闲等为一体的城市综合文化创意体。

浙江创意园：通过平台辐射效应，推动地方文创产业发展，被列为国家广告产业园区、省级工业设计示范基地、省非物质文化传承基地等。

温州体育中心

小坝坊

温州世纪广场

2011 年设立。市行政管理中心所在地，总面积 8.9 平方千米，下辖 12 个社区，常住人口 14.08 万人。

· 省城市体育先进街道
· 推进温州高质量发展先进集体
· 市科技创新和人才工作成绩突出集体

印象南塘： 综合性旅游文化商业区，国家 4A 级旅游景区南塘文化旅游区的精华部分，被称为"温州城市客厅"。

中央绿轴公园： 温州城市中轴线上的核心区域，聚集城市中心功能，涵盖行政、文化、生态、商业等多元素。

公共文化设施聚集地： 市图书馆、市科技馆、温州博物馆、温州大剧院等坐落其间。

府东未来社区： 省首批未来社区，区位条件优越，是彰显温州现代都市风采与特色人文风貌的重要窗口。

温州印象城： 浙南闽北具有代表性的商业综合体，总建筑面积 25 万平方米，开发集购物、休闲、餐饮、娱乐于一体的街区式消费新场景，助力打造区域消费中心城市。

商贸业： 楼宇经济、特色商业街区规模成熟，拥有绿轴、时代、南塘、站前等 4 大特色商圈（街区），税收超亿元楼 5 幢。

印象城

南郊街道

2011 年撤乡并入南汇街道，2015 年析出单设。总面积 10 平方千米，下辖 7 个社区，常住人口 5.78 万人。

· 省 4A 级景区镇
· 省高标准生活垃圾分类示范片区
· 省城市体育先进街道

数字科创

仁王山、灵官山：鹿城九山，南郊居二。仁王山为"九山"斗柄之尾，灵官山因北宋名道士林灵素葬此而得名。

科创高地：拥有温州城市数字科创园核心区，落地中科先进技术温州研究院、中关村信息谷·温州创新中心等 8 大高能级平台。

温州大道汽车街区：辐射浙南的一站式汽车产业服务集聚地，年产值破 45 亿元，占鹿城区汽车销售总量的 95% 以上。

南郊街道

1984 年设立。位于鹿城区核心区域，总面积 2.59 平方千米，下辖 7 个社区，常住人口 6.43 万人。

大南商圈

南塘新天地

巽山：旧名宸暨山，为九山之一。山顶有巽山塔，又称雁塔或笔架峰。

马鞍池公园：占地面积 12 公顷，依湖而建，每年举行郁金香展，为公园之特色。

白鹿洲公园：温州十大公园之一，公园分七个功能景观区。园内设有温州数学名人馆，系利用建于清道光年间的著名数学家谷超豪的祖宅布展而成。

工艺美术大师楼：温州素有"百工之乡"美誉。该楼是集保护、传承、创新、展示、科研于一体的工艺美术平台，集中展示瓯塑、瓯绣、黄杨木雕等非遗项目。

大南乡贤馆：凝聚海内外人心的重要阵地，分为"统战工作""大南旧事""历史名人""新乡贤"四个展示区和一个乡贤会客厅。

世贸大厦：高 333 米，是一座集商业、办公、观光、娱乐、餐饮、会议等功能为一体的综合性商贸办公大厦。

松台街道

因境内有松台山而得名。总面积 10.01 平方千米，下辖 12 个社区，常住人口 10.04 万人。

· 全国老年友好型示范街道（社区）
· 全国巾帼志愿服务十大优秀街道（社区）
· 省首批红色根脉强基示范街道
· 省五星级侨胞之家

江心屿：中国四大名屿之一，有"中国诗之岛、世界古航标"美誉，称为"瓯江蓬莱"。屿中有江心寺、浩然楼等众多名胜古迹，屿上分布各处的七口古井入选省级文保单位。系国家 4A 级旅游景区。

九山书会：南宋文人诗文创作地，由古戏台、西爽楼、茅草亭、高明亭等组成，2023 年央视戏曲春晚在此录制。

九山路：路旁古树参天、绿树成荫，侧傍九山湖，被誉为温州城区景观最美的绿荫长廊。

妙果寺：位于人民路松台山南麓，周围松林叠翠，环境清幽，系东瓯著名古刹。

净光塔：位于松台山山顶，为纪念永嘉禅学宗师玄觉而建。玄觉又称"永嘉大师"，主要著作有《永嘉证道歌》。

衍园美术馆：目前省内最具特色的民办美术馆之一。

松台广场

帆影广场

始建于唐上元二年（675），古喻为"西郭外"。总面积 4.1 平方千米，下辖 8 个社区，常住人口 5.56 万人。

· 省 4A 级景区镇
· 市 "乡贤助乡兴" 实践基地

温州翠微山烈士陵园：始建于 20 世纪 50 年代中期，为纪念在温州地区为国牺牲的革命烈士而兴建，安葬有陈文杰（曾任红十三军政治部主任）、雷高升（曾任红十三军第一团团长）等 172 位革命烈士遗骸或骨灰。系市级爱国主义教育基地。

太平寺：始建于后晋天福四年（939），坐落在太平岭右侧之翠微山南麓，依山涵水，殿宇巍峨。获评全国宗教界先进集体。

温州武术博物馆：展示温州武术发展的历史脉络、主要拳种的发展流变、传承地、名师宗匠等。系全国首家民办地市级武术主题博物馆，省华侨国际文化交流基地。

集新未来社区：打造具有地域特色、具备全生活服务链、可持续生长的微型城市。系省未来社区试点建设最佳实践案例。

规划重点：一核一环四片，"一核"为鹿城青年创业创新核，"一环"为产城联动环，"四片"包括山江文旅组团、未来社区组团、健康产业组团、活力商贸组团。

广化街道

双屿街道

2011年设立。总面积13.13平方千米，下辖7个社区和3个行政村，常住人口8.93万人。

· 中国鞋都基地
· 国家级市场采购贸易方式试点
· 省级"污水零直排"街镇

鞋都基地： 2001年温州被中国轻工业联合会和中国皮革工业协会授予"中国鞋都"称号，双屿街道是重要的鞋都基地。

温州市绕城高速西入口： 构筑都市区半小时交通圈，为加快温州城市化进程提供良好的基础环境。

环贸港： 以鞋产业为主，集互联网大宗商品交易服务、国际采购中心服务、总部办公等功能于一体的商业平台。

鞋靴抖音基地： 打造全国首家综合电商沉浸式直播空间，优选专业鞋服品类运营机构、达人团队等，助力入驻商家一站式直播带货。

环贸港

鹿城总部经济园

2015 年设立。总面积 12.37 平方千米，下辖 4 个社区和 7 个行政村，常住人口 14.37 万人。

· 中国鞋都基地
· 省级特色小镇
· 省级传统皮革制造业改造提升试点

伊导：生于宋朝真宗时代，字子怀。明弘治二年（1489）《温州府志》记载："主孝，尝割股肉以疗母疾"，孝文化的典型代表。

鹿城鞋艺小镇：规划面积约 3.7 平方千米，汇聚鞋相关企业近千家，规上企业 108 家，打造鞋业智能制造与研发设计地标、鞋业商务总部发展基地、鞋艺文创与时尚生活融合高地。

鞋产业："中国鞋都"的核心区之一，鞋产业链齐全，拥有制鞋企业近千家，女鞋年产量占全国 1/4，每年有 3 亿双女鞋从丰门走向世界。

仰义街道

始建制于 1932 年，时称仁义乡。总面积 32 平方千米，下辖 2 个社区和 12 个行政村，常住人口约 6.42 万人。

· 国家卫生城市工作先进单位
· 省法治化综合改革试点街道
· 省级深化非公企业产业工人队伍建设改革试点街道
· 省体育强镇（乡）

王十朋后裔故居： 建于清同治四年（1865），系南宋政治家、文学家王十朋后裔王家达所建，是浙南古民居的代表性建筑。

彩石镶嵌： 将色彩丰富的玉石雕刻后镶嵌到器物上的传统民间工艺。辖区设有崇林斋彩石镶嵌传承基地，相关作品获中国工艺美术文化创意奖"金奖""国匠杯"金奖等。系国家级非遗项目。

仰义西郊森林公园： 占地 15.16 平方千米，森林覆盖率达 86%，内有洞桥山杨府庙等名胜古迹及 40 多个景点。系省级森林公园。

东方仰义高尔夫球场： 浙南闽北唯一的高尔夫球场，占地约 1200 亩，曾承办国际职业赛事及大型商业业余赛事。

鞋产业： "中国鞋都"基地之一，2022 年鞋产量达 450 万双，年产值约 18 亿元。

仰义街道

藤桥镇

明、清时属永嘉县泰清乡廿五都、临江乡二十六都。西挨丽水青田。总面积96.96平方千米，下辖1个社区和34个行政村，常住人口6.6万人。

· 全国综合实力千强镇
· 省美丽乡村示范乡镇
· 省文化强镇（街道）
· 省卫生乡镇

藤桥镇产业园区

曹湾山遗址：原名老鼠山遗址，位于周徐村曹湾山，新石器时代的古人类遗址，面积约1万平米。是浙南第一个完全意义上的好川文化聚落遗址，也是目前温州唯一的史前遗址类全国文保单位。

田塘头村：曾是永嘉县委机关驻地，温州和平解放前的最后一场战役在此打响，此地建有田塘头革命纪念园。

戍浦江公园：位于藤桥戍浦江北岸，内有亲水走廊、景观树池、文化长廊、假山石刻、溪流、木筏道等。

藤桥熏鸡：以本地鸡作为主原料经六道工序加工而成，其成品色泽嫩黄鲜亮，味道醇香浓郁。享誉全国的温州美食品牌，被认定为浙江老字号之一。

山福镇

2016 年由原临江镇、双潮乡合并而成，西接丽水青田。总面积 61.71 平方千米，下辖 18 个村，常住人口 2.82 万人。

西坑革命纪念馆：土地革命时期和解放战争时期，为浙南革命的重要红色站点和交通线，也是解放温州的前沿阵地和后方军需生活物资的筹集地。系市级爱国主义教育基地。

横山老街：据传温州有"两条半街"，其中一条就是横山老街，商业萌芽始于明万历年间，民国时达到鼎盛。

中加友谊馆：国家级侨文化交流基地，介绍程·让平父子与驿头的渊源，反映中国与非洲加蓬共和国友好交往的情谊。

驿头文博馆：馆内近 2000 件陶瓷、书画等藏品由驿头程氏第二十九世孙程成吉先生无偿捐赠。

潮源白茶基地：鹿城区首个农业超亿元产业项目，白茶种植面积 5000 余亩，年产茶量 3 万余斤。

"五谷丰登"共富产业带：打造总投资 20.6 亿元的三产融合共富产业项目带，包括一鸣江南有机牧场、金岙开元亲子度假村、义理之乡驿头驿阳村、潮源白茶基地、夏嘉中医森林康养基地等农文旅产业项目。

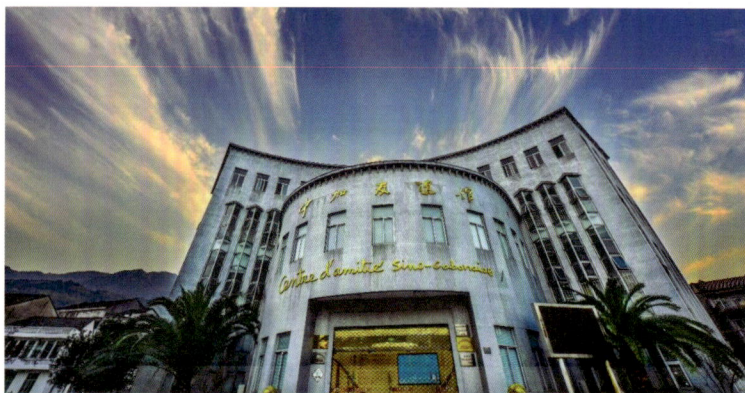

中加友谊馆

潮源白茶基地

2

科技新城
墨韵龙湾

　　龙湾建区于 1984 年，是国家自主创新示范区、国家高新区和浙南科技城所在地，是温州从"瓯江时代"迈向"东海时代"的主阵地。面积 323 平方千米，辖 10 个街道，常住人口 73.89 万人，2022 年地区生产总值 868.58 亿元。

　　山海相嵌，文脉深远。龙湾的历史可上溯至唐乾元元年(758)始置的永嘉盐监。山海之间，坐落着宋代千佛塔、明代永昌堡等全国重点文物保护单位，唐朝国安寺、明清摩崖石刻等文物古迹。出过南宋状元赵建大、明嘉靖内阁首辅张璁

龙湾高新文化广场

温州奥体中心

等历史名人,以及"一代书宗"姜立纲、"江南一支笔"王荣年等书法名家,是中国书法之乡。

区位突出,通达八方。龙湾是温州城市东部中心,处在温州城市自东向西、自北向南发展的十字交叉口,区位条件得天独厚。机场、码头、高速公路等构成了海、陆、空立体交通,随着 T2 航站楼、市域铁路 S1 线等大型交通项目建成,温福、甬台温高铁和城市轨道交通 S2 线规划落地,具有国际视野、世界领先水平的东部综合交通枢纽初现雄姿。

产业高地,创新崛起。作为温州改革开放的窗口,龙湾诞生了温州最早的股份制企业和全国首家民营外贸公司,是"温州模式"的重要发祥地,拥有世界 500 强的民营企业 1 家,以及中国阀门城、制笔之都等 8 张"国字号"金名片,中国眼谷,国际云软件谷在此落户。近年来,依托国家高新区、浙江温州奥体中心南科技城等平台,全力推进国家自主创新示范区建设,成为创新要素集聚的高地、各类人才向往的特区、创新金融涌动的港湾和体制机制创新的典范,2022 年获批温州湾新区。

今天的龙湾,锚定"一区五城"奋斗目标,全面打响"新中心·大未来"城区品牌争创社会主义现代化先行区。

巍巍古堡

永中街道

明朝中叶形成集市，2002年设为街道。总面积46.64平方千米，下辖7个社区和14个行政村，常住人口15.69万人。

· 全国社会治安综合治理先进集体
· 省文明街道
· 省卫生街道
· 省级生态街道
· 省"五水共治"工作考核优秀街道

永昌古堡：建于明嘉靖三十七年（1558），城堡呈长方形，南北长778米，是全国私家抗倭第一城堡、明嘉靖年间的中国东南沿海抗倭重地。系全国文保单位。

寺前古街：龙湾首个历史文化商业街区，建设恢复水埠头、骑楼、院落等老龙湾人记忆中的水街风貌，打造"食、游、购、娱"的"温州版清明上河图"。

青山控股：1988年创办，中国最早的民营不锈钢生产企业之一，2022年排名世界500强第238位。

蒲州街道

民国二十四年（1935）始称蒲州乡，2002年改设蒲州街道。总面积9.76平方千米，下辖4个社区和4个行政村，常住人口8.26万人。

· 中国制笔之都
· 省"五水共治"工作考核优秀乡镇（街道）

卢祖皋：1174—1224年，南宋婉约派著名词人，著有《蒲江词稿》，被誉为"温州词宗"。

吾悦广场：浙南地区独具特色的沉浸式体验型商业综合体，集生活、娱乐、休闲、交流为一体的复合型城市功能中心。

光电大厦：温州首家以"光子集成、光电系统和激光应用"为主导产业方向的光电子与集成电路主题产业园。

上江村：龙湾区首富村，村集体资产超10亿元，2022年村集体经营性收入达2100万元。

产业布局：有温州紧固件市场、广纳五金市场、文化用品市场和装饰建材市场四大专业市场，形成纵向辐射上江路吾悦商圈、文昌路文化创意，横向涵盖瓯江路江景住宅、机场路产城融合、温州大道汽车服务、瓯海大道科研高地的"两纵四横"都市经济格局。

蒲州街道

温州机场

海滨滩涂

海滨街道

始建于南宋嘉定十四年（1221），2002年设立街道。总面积28.38平方千米，下辖4个社区和13个行政村，常住人口5.86万人。

李阶： 1456—1533年，明正德七年（1512）进士，正德末，授广东按察司佥事，辑家集《月泉诗派》。

孝文化： 蟾钟李氏自始祖寿三公起被立为孝子模范，其"以道治村，以德化民，以孝育人，以和养心"的孝文化影响深远。

汤和庙： 始建于明嘉靖年间，位于宁村村。宁村所为明代大将汤和为抗击倭寇修筑的卫所之一。民间感念汤和功德，为其建庙立祀，并于每年农历七月十五中元节举行民俗活动"汤和信俗"。汤和庙系省级文保单位，"汤和信俗"系国家级非遗项目。

龙湾国际机场： 中国首个由地方自筹、民间集资建造的4E级民用国际机场，于1990年通航，2018年成功迈入千万级大型国际机场行列。

温州东站规划： 按照"一环三核复合中心、两廊两轴发展框架、六细胞九中心功能单元"规划。

永兴街道

2002 年设立。总面积 33.58 平方千米，下辖 5 个社区和 14 个行政村，常住人口 6.11 万人。

· 省特色农业强镇
· 省体育强镇
· 省运动休闲旅游示范基地

张振夔故居： 张振夔 (1798—1866)，清代著名学者，教育家。著有《介轩集》。子孙后代名人辈出，中科院院士张肇骞、张淑仪被称为"一门两院士"。该故居建于清雍正至乾隆年间。

下垟街： 是旧永嘉场东部大道的一部分，中段为原永兴堡的南北大街，沿街市场繁荣，留有不少人文古迹。

美丽田园： 温州市区最大粮食功能区，拥有 1.3 万亩农田，曾获省级"稻蔬"特色农业强镇等荣誉。

龙湾革命教育馆： 龙湾首个革命教育馆，展示了中国共产党带领龙湾人民革命、建设、改革和发展的历史。

永兴小微园： 省内密集度最大的生产制造类小微园集聚区，曾获国家小型微型企业创业创新示范基地等荣誉。

永兴街道小微园

海城街道

前身为瑞安市梅头镇，2001年划归龙湾区管辖。总面积14.86平方千米，下辖10个行政村，常住人口5.9万人。

· 中国五金洁具之都
· 中国五金卫浴出口（温州）基地
· 省体育强镇

姜立纲雕像

姜立纲： 1444—1499年，官至太仆寺少卿。明代书法家，书法造诣极高，曾以"善书"闻名海内，并远播日本，日本京都国门上的大字亦为其所书，被誉为"一代书宗"。清代《三希堂法帖》收有他的墨迹。

梅头虾虮传统加工技艺： 虾腌制品。始于明而盛于民国，为海城（旧称梅头）特色产品。加工技艺系市级非遗项目。

中国五金洁具之都： 拥有五金洁具企业1000多家，是全国三大洁具生产基地之一，省水暖洁具工业专业园区落户此地。

状元街道

始建于晋，南宋嘉定年间因状元赵建大捐资建桥，始称状元。总面积14.146平方千米，下辖3个社区和6个行政村，常住人口6.11万人。

· 全国五四红旗团支部
· 全国侨联系统"侨胞之家"典型选树单位
· 省文明城镇
· 省美丽乡村示范乡镇
· 省双拥模范城

赵建大： 1175—1235年，字嗣勋，南宋嘉定四年（1211）辛未科状元，官至工部尚书。

夏承焘： 1900—1986年，毕生致力于词学研究和教学，是现代词学的开拓者和奠基人，曾任浙江大学教授，被称为"一代词宗""词学宗师"。

状元亭： 温州民间慈善模式的典型代表，前身是由3位老人自发设立的状元亭施粥摊，拥有全国首张"施粥营业执照"，有关事迹被中央电视台《新闻联播》报道。

幸福学堂： 2012年9月成立，由退休教师林小兰创办的全省首个无偿识字班，旨在帮助不识字的中老年群体摆脱文盲，获市百佳优秀社区活动机构等称号。

大岙溪杨梅： 龙湾首枚取得国家地理标志证明的杨梅商标。龙湾已成功举办多届状元王鱼杨梅节，推动文旅、农旅消费升级。

状元街道

瑶溪原名"姚川"，因张璁赞其"溪石皆玉色"而改名。总面积24.48平方千米，下辖3个社区和4个村，常住人口4.29万人。

- 国家3A级旅游景区
- 省级风景名胜区
- 省旅游风情小镇
- 省美丽乡村示范乡镇

龙冈山遗址：位于上河滨村龙冈山上，范围约1500平方米。据考证为新石器时代晚期至战国时期遗址，遗物丰富，有石器和陶器两类。系市级文保单位。

国安寺塔：始建于北宋元祐五年（1090），位于皇岙村五峰山东麓，通高19.79米，塔壁佛像共有1026尊，雕刻工艺细腻，保存完好，又称"千佛塔"。系全国文保单位。

贞义书院：明正德十三年（1518）明代首辅张璁中举时建，初名"罗峰书院"。嘉靖七年（1528）被赐名"贞义书院"。是古代温州唯一奉旨敕建的书院，现位于钟秀园内。

瑶溪风景区：属大罗山脉，内有摩崖碑刻、名人诗碑、宝刹名塔等百余个风景点，呈"之"字形分布，素有"桃源仙境"之盛誉。系省级风景名胜区。

钟秀园：原张璁读书讲学之所。现原址上新建贞义书院，并搬迁众多明清建筑，引进玻璃银光刻、漆画、活字印刷、麦麦酒酿造等非遗项目。

瑶溪街道

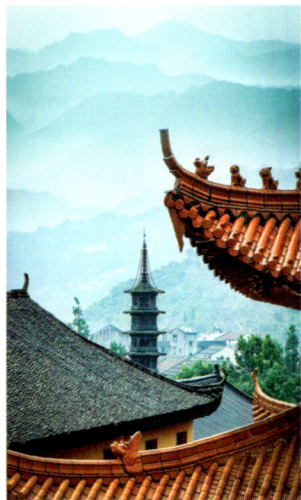

国安寺一角

科技新城　墨韵龙湾

沙城街道

· 中国食品制药机械产业基地
· 省教育强镇
· 省文明镇
· 省全民阅读先进单位

滨水公园

温州孔庙

始建于明世宗嘉靖年间，2011 年撤镇设街道。位于龙湾区东南部，总面积 25.5 平方千米，下辖 15 个行政村，常住人口 6.48 万多人。

项乔：1493—1552 年，永嘉学派明代的代表人物，杰出的"事功学说"实践家，海内著名思想家、学者型官员。

孔庙大成殿：2009 年建成，温州首座由民间建成的孔庙，为七间两进两层的四合院式宫殿，每年举行春秋祭孔大典，宣扬中华儒家优秀传统文化。

玻璃银光刻：将制镜工艺与传统玻璃绘画融为一体，被评为首批省优秀非遗旅游商品。系省级非遗项目。

创业之都：当地民营经济发展蓬勃，形成食药机械、电器、阀门等支柱行业，孵化出青山控股、伟明环保、天联机械等知名企业。

1936 年为永嘉县永强区天河，2011 年设街道。总面积 18.28 平方千米，下辖 17 个行政村，常住人口 5.18 万人。

· 中国建筑电器产业基地
· 省文明镇
· 省体育强镇
· 省教育强镇
· 省级"东海明珠"文化工程

王荣年： 1889—1951 年，著名书法家。其书画书法造诣极深，以章草独步书坛，在 20 世纪 20 年代即与溥心畲、沈尹默、叶恭绰等书法大家齐名燕京，有"江南一支笔"之誉，被誉为温州当代书法界的"一代宗师"。

天河水库： 建于 1957 年的人工湖，位于大罗山山顶，集雨面积近 4 平方千米，分东西两座。库区风景秀丽，水碧如玉，尤以奇石林立、险峰拔萃为胜，有千步梯、百家尖等名胜。

民用电气生产基地： 街道以民用电器为主导产业，拥有华东地区最大的民用电器生产基地，现有包含生产、销售、批发的民用电器经营主体 1100 多家，民用电器生产企业 300 家左右。

天河水库

金海湖

星海街道

2011 年设立。总面积 26.04 平方千米，下辖 3 个社区，常住人口 7.37 万人。

· 省卫生街道
· 省"五水共治"工作考核优秀乡镇（街道）
· 省普法工作成绩突出单位

纬十浦—金海湖：温州城市东片排涝工程的组成部分之一，分为纬十浦、经五河及金海湖三部分，被评为省级"美丽河湖"。

金海湖公园：位于金海湖园区滨海十七路，集休闲、娱乐、运动、生态于一体的现代城市公园，被列为温州市 30 个标志性建筑物之一。

汽车产业园：园内设有中国汽车金融论坛永久会址、汽车梦工场和相关汽车销售服务产业，是集汽车文化、汽车博览、汽车运动、汽车贸易与销售、汽车商务与旅游于一体的汽车产业集聚基地。

3

科教新区
山水瓯海

瓯海，其名出自《山海经》里的"瓯居海中"，1981年12月国务院批复建县，1992年3月撤县设区。面积467平方千米，辖1个镇、12个街道，拥有1个省级经济开发区，常住人口98.3万人，2022年地区生产总值804.87亿元。瓯海是全国高质量发展百强区、全国科技创新百强区、中国最具幸福感城市活力创新之都。

山水人文相辉映。瓯海出土了距今3000多年的西周墓及高规格青铜礼器。保留有国

大罗山龙脊

内唯一传承古法造纸技术的泽雅四连碓，拥有道教"天下第二十六福地"大罗山，"西雁"纸山等秀山丽水，山水诗鼻祖谢灵运、弘一法师李叔同、散文大家朱自清等文化名人都在瓯海留下脍炙人口的名篇佳作。

红色血脉永不息。瓯海是浙南革命老根据地，存有中共浙南一大会址，温州和平解放谈判旧址郭溪景德寺等革命遗迹。瓯海是中国农村改革的源头，1956年郭溪燎原社率全国之先开展"包产到户"试验，早于安徽凤阳小岗村22年，为中国农村集体经济模式探索作出开创性贡献，被记入《中国共产党历史（第二卷）》。

产城融合魅力新。瓯海拥有全国首家股份合作制企业、中国眼镜生产基地、中国智能锁生产基地、国家大学科技园等4张"国字号"名片。形成服装、眼镜等八大传统优势产业和生命健康、数字经济、新材料三大新兴产业，是环大罗山科创走廊主阵地，集聚七大高能级科创平台，拥有浙南唯一的国家创新人才培养示范基地。坐拥温州市区唯一的高铁站，三条高速公路、五条铁路在此交会，构成"两城三区"全域建设格局，获评全省十大魅力新城、浙江产城融合十大示范新城。

岁月波澜，积淀荣光。瓯海正以昂扬的激情奋勇前行，奋力谱写更高水平的"科教新区、山水瓯海"篇章。

国家大学科技园

瓯海区府

因境内桥梁娄桥得名。瓯海区新行政中心所在地，总面积 23.18 平方千米，下辖 6 个社区和 7 个行政村，常住人口 8.68 万人。

吹台山：呈南北走向的山系，位于瓯海中部，由莲花、白云、岭头、平天镬、柴头、东坑、圆眼坦诸山组成。山上有吹笙台、饮鹤泉、无量梵音寺、伴云道观、白云寺等历史文化古迹。

温州龙舟运动基地：杭州亚运会龙舟比赛项目场地。位于瓯海区中心区南，采取"水岸同建、无缝相连"方式，布局"一场二馆一水上基地"，打造全国最高端的龙舟综合体育中心。

瓯海中央商务区（CBD）：位于瓯海行政中心南侧，由吹台山广场、建设大厦、瓯商大厦等共 20 幢大楼组成。截至 2022 年底，已入驻实体企业 1182 家，从业人员 1.5 万余人，总营收达 178.06 亿元，是全市规模最大的商务楼宇建成区。

希尔顿 339 大楼：设计高度 339 米，集商务、金融、酒店、商业等产业群于一体的超高层商业大厦，建成后将创造温州高楼新纪录。预计 2024 年 4 月整体投入使用。

瓯海教育高地：是瓯海教育资源集聚、优质和丰富的镇街，目前有幼儿园、中小学合计 30 所，各类名师名校长百余人。

娄桥街道

- 全国智慧健康养老示范街道（乡镇）
- 省数字生活新服务特色镇
- 省革命老区乡镇

会昌阁

景山街道

境有锦山，又作景山，因此命名。总面积 2.96 平方千米，下辖 6 个社区，常住人口 3.31 万人。

· 国家级群众体育活动先进单位
· 省级生态街道
· 省文明街道
· 省卫生街道
· 省第四批体育特色乡镇

景山公园：占地面积 4000 多亩，园内有东瓯王墓、护国寺和宋代道观紫霄观等多处名胜古迹。动物园、植物园也坐落其中，是重要的科普教育基地。

护国寺：始建于唐朝贞观年间，位于景山公园内。唐高僧广钦，五代鸿楚大师、宋处严大师等高僧均在此出家。

会昌阁：北宋至和元年（1054）由温州知州刘述所建，旧时有温州"第一名楼"之誉，后屡毁屡建，现为原址重建。

西山青瓷古窑址群：存有唐宋著名的西山窑址，近代民族企业家吴百亨曾在附近办西山瓷器厂，该窑址群见证了温州陶瓷业的发展。

龙舟公园：面积约 1.6 公顷，交通便利、水路贯通，分为三亭一廊，形成了以"体育 + 旅游 + 民俗文化"的亚运龙舟亮点。

瓯越谷：景山新商务经济中心，占地 6000 余平方米，设有"智库研究"等五大功能区块，拟打造为城西独有的多元化商务花园总部基地。

民国二十九年（1940）始称新桥乡。总面积 8.6 平方千米，下辖 7 个社区和 1 个行政村，常住人口约 8.5 万人。

· 全国文明工作先进单位
· 全国和谐社区示范街道
· 省教育强镇
· 省级生态街道

古榕春晓公园：塘河八景之一，依托千年古榕资源，融入"古榕、古宅、古亭"等塘河文化典型元素，打造集文化体验、娱乐休闲、亲子活动等功能于一体的邻里文化体验型主题公园。

新桥美食小镇：以培育发展"月光经济"为主题，打造市级网红美食文化街区。获评省"诗画浙江·百县千碗"美食街镇，省数字生活服务特色小镇。

全球商品贸易港：提供全球商品的批发及零售服务，打响了"买全球、卖全国"世界超市品牌。系浙南闽北赣东进口商品集散中心，国家进口贸易促进创新示范区核心平台。

省级未来社区：聚焦"人的一天、人的一生、人的共治"理念，构建全周期、全龄式、全过程三大服务模式。目前已成功创成新桥、新瓯、金蟾三个省级未来社区。

新桥街道

因城外有溪而得名。总面积 42.59 平方千米，下辖 2 个社区和 16 个行政村，常住人口 10.95 万人。

·全国智慧健康养老示范街道（乡镇）
·省级生态街道
·省美丽乡村示范乡镇

郭溪街道

郭溪街道

景德寺： 始建于宋朝，1925 年重建，位于岭头村。1930 年，弘一大法师曾在此小住。是温州和平解放谈判旧址，系市爱国主义教育基地、党史教育基地，区级文保单位。

燎原社： 全称"燎原生产合作社"。1956 年中共永嘉县委派工作组在燎原社开展了"包产到户"的试验探索，被誉为"中国农村改革的源头"，被写入《中国共产党历史（第二卷）》。

里屿垟现代休闲农业产业观光园： 国家优质无公害稻米生产基地，将传统农业与现代观光结合，打造现代休闲农业产业观光园。

仙湖生态度假区： 按照"一湖、一山、一园、多片"的空间结构，打造山水、人文、西部生态走廊和现代化城市板块。

智能锁产业： 拥有国内智能锁行业龙头凯迪仕全球总部经济园、威欧希科技产业园两大产业园区。

潘桥街道

以境内桥梁"潘桥"得名。总面积 57.44 平方千米，下辖 19 个村社，常住人口 6.86 万人。

· 省美丽乡村示范街道
· 省应急体系改革试点
· 省建筑产业工人孵化试点基地

彩石镶嵌：以天然叶蜡石为材料，镶嵌在红木、樟木等上面的工艺美术作品。因其技艺精湛，有较强的观赏价值，产品远销东南亚和港澳台。系国家级非遗项目。

陈庄金锁桥：建于北宋崇宁三年（1104），为石梁石柱桥，为研究北宋时期的桥梁建筑风格提供了重要的历史资料。系区级文保单位。

岷岗风景名胜区：由四个景区及霞碧殿、玉清观两块飞地景点组成，既有自然风光之秀、人文景观之美，又有中共永嘉县委会议旧址等红色遗址。

物流园：辖区内有八大物流园区，200 多家物流企业，承接了温州 60% 以上的物流量，是浙南闽北地区主要的物流基地之一。

温州南站

瞿溪街道

始建于明朝，明清时，属永嘉县建牙乡十八都，2011 年改设瞿溪街道。总面积 35.34 平方千米，下辖 3 个社区和 12 个行政村，常住人口 5.57 万人。

· 省经济综合实力百强乡镇
· 省级平安先进单位
· 省美丽乡村示范乡镇
· 省民族团结进步重点培育单位
· 省特色商贸镇

二月初一会市：浙南民间传统会市。距今已有 200 多年历史，是浙南地区影响最大、规模最大的传统会市，每年吸引近 30 万人赶集。系省级非遗项目。

瞿溪老街：省历史文化保护街区，是温州西部山货的汇集地，温州纸业的集散地，街衢两旁至今仍保存着清代商住结合的老建筑。系省级非遗项目。

肇山禅寺：始建于东晋年间，山水诗鼻祖谢灵运曾留宿肇山寺作《过瞿溪山饭僧》一诗。

瞿溪真皮大世界：由数十位瞿溪籍皮革贸易商发起创办，共三期，总建筑面积 44.9 万平方米，有商铺数 3172 间。系省重点项目、温商回归重点工程、瓯海百亿重大工程。

古镇瞿溪

梧田老街

始建于汉昭帝始元二年（前85）。总面积22.3平方千米，下辖6个社区和1个行政村，常住人口14.27万人。

· 省百强乡镇
· 省革命老区乡镇（街道）

谷寅侯：1894—1975年，近现代著名教育家。主导创办了瓯海公学（现温州四中），该校培养出叶永烈、陈燊等知名学者、作家。

慈湖八福砖塔：始建于明代，即伴云斜塔，六面七层，为现存浙南砖塔中较为典型的建筑。

孙诒让墓：晚清国学大师、教育家孙诒让（1848—1908）墓地，位于梧田慈湖南村南面山麓，坐南朝北，平面呈半椭圆形。系区级文保单位。

大堡底假山宫：明朝礼部侍郎王瓒所建的"瓯滨郊墅"遗迹，王瓒常在此以诗酒自娱。王瓒（1462—1524），明孝宗弘治九年（1496）中榜眼，任经筵教官、殿试掌卷等职。

梧田老街：瓯海首个省历史文化街区项目，设计借鉴了温州传统民居的特色，结合塘河自然风光，建筑立面以木构架、挑楼、骑楼为主要构图元素，系2023年度省级高品质步行街。

瓯海中学：于1984年8月筹建，1998年被认定为省一级重点中学，2014年被认定为省一级特色示范学校。

梧田街道

三垟街道

系海潮和江流千古淀积而成，与城区水陆相接。总面积 13.14 平方千米，下辖 1 个社区和 11 个行政村，常住人口 3.27 万人。

· 中国文旅融合示范景区
· 中国瓯柑之乡
· 浙南威尼斯

三垟湿地：面积 10.67 平方千米，其中水域面积占了 30%。境内纵横交错的 138 条河道，将湿地分割成大小各异的 161 座岛屿，形成了"垟漂海面，云游水中"的特殊水网地貌，对温州的气候调节、环境保护起到非常重要的作用，被称为温州"城市绿肾"。

南怀瑾书院：位于三垟湿地南湖畔，碧水环绕、树木掩映。书院由蹈和馆、居庸斋、三合楼、濯龙居四座仿古建筑组成，兼具纪念、展示、研究、典藏、讲学、教育和公众阅览等功能，是具有温州区域人文特色和传统文化标志性元素的现代书院。2020 年，位于书院居庸斋一楼的国学城市书房正式开放，这是温州首家以国学为主题的城市书房。

榕源：三垟湿地内以榕树为主题的景点。在这里，市民可以感受瓯越大地先辈们以榕树为地标，逐水而居的生活。榕源充分展示了象征温州人团结、向上、开拓精神的湿地榕亭文化，是市民感受"红色文化"的重要打卡点。

三垟湿地

白象塔

2003年底撤镇设立街道。总面积12.72平方千米，下辖5个社区和3个行政村，常住人口6.05万人。

白象塔：原名白塔，建于唐贞观年间，耸立于温瑞塘河之畔，是国内三座外廊内梯、气势雄伟、工艺考究的古塔之一，于1965年拆除，1999年重建。拆除时塔内发掘出大量经卷、绘画、雕塑等北宋文物，其中《佛说观无量寿佛经》更是成为捍卫我国最先发明活字印刷术国际地位的有力实证，具有极高的历史文化价值。

万象商圈：温州华润万象城于2016年开业，属于温州市第三个城市综合体，围绕"一站式"消费和"体验式"购物，辐射浙南区域的消费人群；2022年，万邦中心正式运营，进一步拓展商圈娱乐餐饮等功能，掀起新一轮的消费热潮。

塘河沿线博物馆群：全省首创"民办政补、民藏政扶"民办博物馆办馆模式，内有青灯石刻艺术博物馆、珐琅彩艺术博物馆、田千艺术馆、博山美术馆、东经纸文化艺术馆等五座博物馆。近年来，依托博物馆群，打造"青灯市集"头部市集品牌，成功入选浙江省示范级文旅融合IP名录。

生命健康产业：位于环大罗山科创走廊重要腹地，辖区内有附一医、市六医、和平国际医院等医疗机构，以及生命健康小镇、基因药谷、现代绿城金竹嘉园等高端医药康养平台，全力打造生命健康产业发展新高地。

南白象街道

省『五水共治』工作考核优秀乡镇（街道）
省首批未来社区所在地
市推进共同富裕（扩中提低）先进集体

茶山街道

2003 年改设为街道。总面积 30.64 平方千米，下辖 3 个社区和 13 个行政村，常住人口 9.13 万人。

· 中国杨梅之乡
· 中国楹联文化街道
· 省首批城乡风貌样板区

宝严寺：建于北宋大中祥符元年 (1008)，近代高僧弘一大师曾三度在此静修。

大罗山：拥有全国第 4 个国家级登山健身步道，山林植被丰富，景色秀丽，有龙脊、五美景园等景点，吸引大量游客来登山健身、休闲旅游。

温州乐园：分为六大景观主题区，分布着各种高科技游乐项目，是浙南地区唯一一家大型的功能齐全的现代化游乐园。系国家 4A 级旅游景区。

丁岙杨梅：相传早在明朝嘉靖年间，丁岙板障崖下有一棵杨梅树。偶然的机会，丁岙农民把崖下杨梅挑进城里卖，人们品尝后，赞不绝口。系中国国家地理标志产品。

山根音乐艺术小村："看得见山、望得见水、留得住乡愁"的都市休闲文旅标志性小村，入选 2021 年度省旅游业"微改造、精提升"最佳实践案例。

温州大学城：温州医科大学、温州大学、温州职业技术学院、温州商学院、温州理工学院等院校坐落其间，是浙江首批六所高教园区之一。

茶山街道

侨乡丽岙

2001 年划归瓯海。总面积 34.7 平方千米,下辖 2 个社区和 15 个行政村,常住人口 4.85 万人。

·全国文明村镇
·全国智慧健康养老示范街道
·省教育强镇
·省侨务工作实践创新基地
·省体育特色乡镇(街道)

三贤文化广场:占地面积 4 亩余,包括三亭、三像、两廊、一馆、一碑亭、一广场及周围绿化,集历史文化、红色文化、休闲健身等功能为一体。

温州花城:总规划面积 500 亩,总投资 5 亿元,集花卉交易、活动展览、商业休闲等多功能于一体。浙江"三位一体"重大项目、浙江花卉博览会永久会址。

肯恩大学:浙江省和美国新泽西州友好省州合作项目,是一所具有独立法人资格的中美合作大学。2006 年 5 月 8 日,时任省委书记习近平同志出席在美国举行的合作创办温州肯恩大学签约仪式,并作重要讲话。

丽岙街道侨胞之家:拥有 51 年历史,是浙江省最早成立的乡镇一级基层侨联组织,曾七次荣获"全国侨联系统先进组织"称号。2021 年荣获全国侨联系统"侨胞之家"典型选树单位、省侨联五星侨胞之家称号。

仙岩街道

2011 年撤镇改为街道。总面积 37.8 平方千米,下辖 4 个社区和 16 个行政村,常住人口 6.37 万人。

- ·省文化强镇
- ·省美丽城镇建设样板
- ·省森林城镇
- ·省 4A 级景区街道

浙南一大会址: 位于仙岩街道渔潭村,由灵佑宫和一大纪念馆组成。系省级青少年红色基因传承地、省级党史教育基地。

陈傅良祠: 始建于明弘治年间,现存建筑为民国初年重建,是南宋著名思想家、教育家、学者陈傅良读书讲学、设馆授徒所在。

伯温楼: 坐落于"塘河八景"之一——"穗丰怀古"沿线,楼高 58.68 米,为外五层内九层结构,内设多个展馆,多方位展示刘基文化。

仙岩风景区: 素有"九狮一象之奇,五潭二井之秀"的美誉,山水诗鼻祖谢灵运留有《舟向仙岩寻三皇井仙迹》一诗。近代散文大家朱自清的《绿》让梅雨潭名闻遐迩。是融秀丽的自然风景和丰富的历史文化积淀于一体的风景名胜区。系首批省级风景名胜区之一。

时尚智造小镇: 汇聚温州电商直播产业园、温州设计学院、浙江理工大学瓯海研究院等一大批明星项目。系第一批省级特色小镇、2022 年省版权示范园区(基地)。

梅雨潭

四连碓造纸作坊

泽雅是"寨下"温州话的谐音，因原老镇所在地"寨下"而得名。西与丽水青田接壤，总面积150.93平方千米，下辖39个行政村，常住人口3.08万人。

· 国家4A级景区镇
· 国家级生态镇
· 国家卫生镇
· 省文明镇
· 省旅游强镇

泽雅屏纸：中国传统造纸工艺，距今2000多年历史、70多道工序，屏纸作坊中的典型代表——四连碓造纸作坊为全国文保单位。

周岙挑灯：古老的传统民俗文化活动，已有600余年历史，是浙南地区保存最好、极富韵味的元宵灯会民俗活动。

七瀑涧：位于泽雅风景区内，由七折不同气势的瀑布构成，七折瀑面一折高一折，一瀑胜一瀑。

一镇八馆：位于戌浦江沿线的博物馆群，包括龙溪艺术馆、泽雅水文化馆、马鞍岩革命交通站展示馆、琦君纪念馆等。

永宁桥：始建于明朝，清光绪二十三年（1897）曾大修。全桥长约90米，每跨桥面用三块石板平铺。著名桥梁专家茅以升在《桥梁史话》中将其作为典型桥梁形制介绍。

泽雅镇

4

海上花园
百岛洞头

洞头区地处瓯江口外，是全国 14 个海岛区（县）之一，辖区内 302 个岛屿散落东海之滨，诗人余光中赋诗赞曰"洞天福地，从此开头"。1953 年置县，2015 年撤县建区。陆域面积 153 平方千米，海域面积 2709 平方千米，辖 1 个镇、6 个街道、1 个乡，常住人口 15.52 万人。2022 年地区生产总值 137.16 亿元。

耕海牧渔精神传。三千年耕海牧渔历史，数百载瓯闽文化水乳交融，孕育了独特的海洋文化。中国七夕文化之乡、中国诗歌之岛、

海岛夜景

中国渔民画之乡等文化名片闪闪发光，"妈祖平安节""贝雕工艺"等非遗项目渔韵流转，马灯、渔灯、脚擂鼓、《乞鸟歌》等民间文艺流光溢彩。洞头先锋女子民兵连历经风雨60余载，"爱岛尚武、励志奉献"的海霞精神代代相传。

海上牧场

　　诗意醉在桃源外。望海楼俯仰古今，阅尽沧海横流；大沙岙纵情海湾，邂逅轻柔海风；仙叠岩礁石林立，倾听涛声依旧；半屏山壁立千仞，传递缕缕相思；鹿西鸟岛众鸟齐翔，令人悠游忘返。近年来，洞头成功举办国际铁人三项赛、帆船邀请赛等品牌赛事，获评全国文旅融合特色创新示范区。

　　厚积薄发日月新。洞头以产业聚变立潮头，获批建设国家海洋经济发展示范区。临港石化初具规模，"两菜一鱼"等国家级金名片享誉八方，现代渔业一路高歌；以城市蝶变焕发生机，全域大花园绚烂灵动，蓝色海湾整治样板走向全国，洞头岛群海域入选国家"美丽海湾"建设试点；以幸福跃变奏响华章，捧回全国平安建设最高荣誉"长安杯"，创建平安中国建设示范区，高标准建设未来社区、未来乡村，人民幸福指数节节攀升。

　　站在新的历史起点，洞头人民牢记习近平总书记的殷殷嘱托，向着真正把洞头建设成为名副其实的海上花园目标砥砺奋进。

新时代海霞风采

望海楼

清雍正六年属玉环厅二十都。总面积 26.76 平方千米，下辖 11 个社区和 14 个行政村，常住人口 5.64 万人。

· 全国环境优美乡镇
· 国家级生态镇
· 省美丽乡村示范街道

妈祖祭典：始于明末清初。于每年农历三月二十三日与九月初九举行隆重的祭祀仪式，主要有祭拜、"做供"、妈祖巡游以及"迎火鼎"、做戏等民俗文化活动。系国家级非遗项目。

望海楼：中国历史文化名楼，洞头历史文化的窗口和百岛旅游第一景，被誉为"气吞吴越三千里，名贯东南第一楼"。

海霞村：洞头先锋女子民兵连诞生地、海霞文化发源地，村内完整保存汪月霞故居、将军林、军民友谊池等红色阵地。

东海贝雕艺术博物馆：省非遗生产性保护基地，收藏有 1200 余件唐朝以来的贝雕藏品。

隔头民宿集聚区：位于洞头区本岛西部海岸，总面积 3.15 平方千米，森林覆盖率高达 90%，入选省级民宿集聚区助推乡村振兴改革试点名单。

清雍正六年属玉环厅二十都，因半屏岛东岸海蚀岸峭立如屏得名。总面积14.47平方千米，下辖2个社区和9个行政村，常住人口1.59万人。

七夕文化：先后举办七夕风情节、迎头鬃等大型交流活动，东岙村被授予"中国七夕文化之乡"传承基地。

大沙岙：洞头最美海滩，又名"黄金滩"，标志性风景为虎屿岛。沙滩状呈畚箕形，有"海豹石""老鹰捕雏"等奇石。

仙叠岩：听涛、观海、赏石的绝佳去处，中国美院洪世清教授创作的30余处岩雕作品以及弘一法师、钱君匋的题字、诗词摩刻为其增添了文化品位。

半屏山景区：拥有4屏18景，是目前已知的国内最长的海上天然岩雕长廊，被誉为"神州海上第一屏"。系国家4A级旅游风景区。

中普陀寺：占地400亩，是在原有寺院"洞灵寺"的基础上扩建而成的观音道场。获评"浙江省汉传佛教仪规培训基地"。

街道全貌

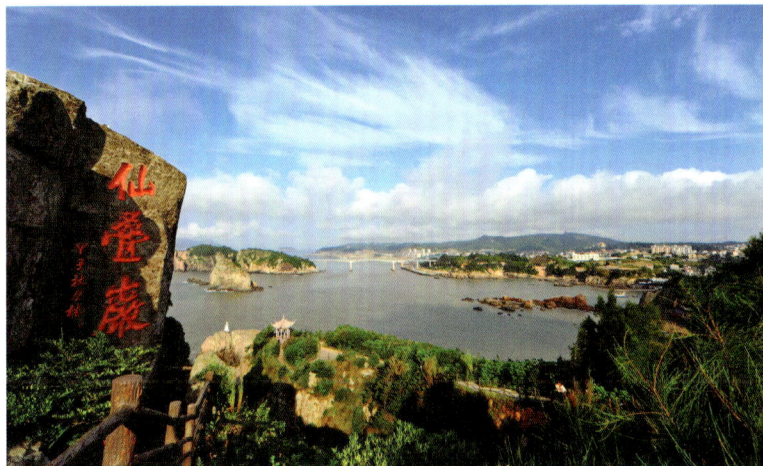

仙叠岩

元觉街道

2011 年改设为街道。总面积 17.91 平方千米，下辖 7 个行政村，常住人口 0.6 万人。

· 省美丽乡村示范乡镇
· 省农村文化礼堂建设示范街道
· 省美丽城镇建设样板

妈祖文化： 建有妈祖天后宫，流传妈祖民俗文化，是中国海洋文化的代表。

"中屿等到你"景区： 以石奇、礁美、洞幽而著称，每年吸引 50 万游客慕名而来，是网红打卡地。系国家 3A 级景区。

青山欢乐岛： 整岛开发的旅游综合体，拟打造为浙南地区功能最全、项目最齐、规模最大的综合性大型"海上迪士尼"。

状元岙港： 温州港优先重点发展的深水港区。以外贸集装箱和大宗散杂货为主，吞吐量已突破百万标箱，是全省唯一的邮轮始发港。

东海石厝渔村

状元岙落日

霓屿

清雍正六年属玉环厅二十都，2011 年撤乡改设街道。总面积 11.5 平方千米，下辖 10 个行政村，常住人口 0.85 万人。

· 中国紫菜之乡
· 全国环境优美乡镇
· 省级美丽城镇
· 省美丽乡村示范乡镇
· 省级美丽乡村风景线

灵潭摩崖石刻：石头通高 1.65 米，宽 1.1 米，中间用楷书阴框边法刻出"灵潭"二字，左上方有"乐清邑令腾忽儿"和"敬明立"等小字。

花水紫菜：农历九月中旬采摘新鲜的第一茬细嫩芽，从海区采摘到成品出厂即时锁鲜，紫菜藻体始终处于鲜活状态。

宁海禅寺：始建于清朝，坐落于霓屿长坑垄村，是洞头区历史最为悠久的佛教文化遗产。

太阴宫：建于 1602 年，2004 年重建，为供奉陈十四娘娘的道观。系区级非遗传承基地。

防御墙：坐落于石子岙村，长 30 米，高 5 米，当中设一圆形城门，已有 300 多年的历史。

灵昆街道

地名最早出现在明成化十二年（1476）的《玉环乡舆图》。总面积22平方千米，下辖9个行政村，常住人口4.18万人。

· 中国文蛤之乡
· 国家海岛公园
· 省绿色小城镇
· 省教育强镇
· 省"五水共治"优秀街道

南堤公园

九珑湖

灵昆鸡：喙、胫、羽有典型的"三黄"特征，是省五大地方鸡种之一，也是温州唯一入选《中国禽类遗传资源》和《浙江省畜禽品种志》的鸡种。

金洲动物博物馆：温州最早的民办博物馆之一，现有巨口鲨、禄丰龙化石、眼镜王蛇等动物标本7000多种、11万余件。

双昆山文化基地：海经区人"拓荒牛"精神的发源地，含知青亭、拓荒牛雕像、防空洞等。

灵昆白啄瓜：又称灵昆甜瓜，是地道甜瓜的首选佳品，曾入选省首批地方特色品种种质资源保护名录。

南堤绿道：总长6.98千米的多功能景观大道，是观飞机与轨道交通交汇、赏日出日落的绝佳打卡点。

2020 年 12 月经国务院批准成立。总面积 29.26 平方千米，下辖 1 个
社区，常住人口 4.4 万人。

· 国家级海洋经济发展示范区

地名藏诗：5 条以"瓯"为首字的东西向道路依次命名为"扬"
"帆""采""石""华"，来源于谢灵运《游赤石进帆海》中的诗句"扬
帆采石华，挂席拾海月"。

百桥百文化：以"百桥百文化"设计理念，将绿地、河道、桥梁
有机融合形成独特景观，全力打造具有昆鹏生态文化特色的城市总
体形象。

海洋经济：2022 年 5 月，国家级海洋经济发展示范区在此正式挂
牌，成为温州对外开放的"桥头堡"，也是"温州连接世界的新桥梁"。

现代特色产业：以金风科技、欣乐加为代表，聚焦新能源新材料、
安全应急为特色的智能制造业、现代海洋产业等主导产业，推动工业
经济转型升级。

百桥百文化

大门石化基地

大门镇

始建于清雍正六年（1728）。总面积37.20平方千米，下辖3个社区和19个行政村，常住人口1.58万人。

· 全国环境优美乡镇
· 省美丽城镇建设样板

"兰小草"：王珏（1970—2017）当选2017年度感动中国人物，他隐名行善15年，像一株幽兰小草，虽默默无闻，但馨香人间。温州把每年11月17日定为"兰小草爱心宣传日"，建设"兰小草"纪念馆，获评温州市道德馆。

油菜花节：至今已连续举办15届，每年三至四月田间山头油菜花盛开，连片铺展，形成金色花海，令游客们流连徜徉。

乌龟岩：海拔335米，屹立在大门岛山巅，是洞头列岛最高的山峰，称为"东海圣迹"。

马岙潭沙滩：洞头列岛第一大沙滩，堪称"洞头百岛第一胜境"，享有"温州夏威夷"的美誉。

观音礁沙滩：洞头列岛第二大沙滩，似一道弯月，沙质细纯柔软呈金黄色，是一处人间胜景的天然浴场。

地名最早见于《宋史》记载。总面积为 10.06 平方千米，下辖 6 个行政村，常住人口 0.45 万人。

鸟岛：省级海洋特别保护区，因鸟类资源丰富而著称，被誉为"中国万鸟栖息地"，入选重要湿地名录。保护区内属珍稀濒危的鸟类达 22 种，每年 4 至 9 月间有数万只海鸟在岛上安家筑巢、繁衍生息。

道坦岩地质公园：省级地质公园，具有典型的海蚀地貌景观，拥有大面积的页岩、摩崖、海蚀穴、海蚀沟等，形成形状奇异的自然景观。

生态大黄鱼：采用现代技术进行生态养殖，建成海域面积达 650 亩纯天然生态海洋牧场。大黄鱼色泽金黄、体形修长、口感鲜美，包揽了"十佳品质奖"温州生态黄鱼品牌冠亚军。

鹿西白龙屿生态海洋牧场

5

雁荡云影
乐音清扬

　　乐清市地处东海之滨、瓯江之北，为温州大都市区北翼副中心。陆域面积1385平方千米，海域面积284平方千米，辖14个镇、8个街道、3个乡，常住人口146.72万人，2022年地区生产总值1501.95亿元。乐清为全国新型城镇化质量百强市，入选国家县城新型城镇化建设示范名单，获评中国最具幸福感城市。

　　风光旖旎资源丰。三面环山，一面临海，气候温润，境内山川奇丽，拥有雁荡山、乐清湾等自然资源。雁荡山被誉为"海上名山"，是

乐清夜景

白垩纪火山典型代表、国家重点风景名胜区，历代文人墨客如谢灵运、沈括、徐霞客、张大千、郭沫若等皆留下了诗篇墨迹。乐清湾内水质优良，饵料丰富，盛产各种鱼、虾、贝、蟹，所产泥蚶、牡蛎远近闻名。

物联网传感器产业园

千年古县文脉长。东晋宁康二年（374）建县乐成，五代后梁开平二年（908）改县名乐清，1993年撤县设市，2006年被授予"千年古县"称号。历代名人辈出，古有王十朋、翁卷、赵士桢等，近现代有国画家周昌谷、寄生虫病学家洪式闾、国学大师南怀瑾等。民间工艺独树一帜，"黄杨木雕""乐清细纹刻纸"等被列为国家级非遗项目，是中国民间文化艺术之乡、中国工艺美术之都、中华诗词之乡。

民营经济实力强。改革开放给历来以农渔为主业的乐清人带来了千载难逢的发展机遇。20世纪90年代初，乐清形成了以民营经济为支柱、地域内外经济互动的发展模式，拥有20余张"国字号"产业金名片，被称为"中国电器之都"，电气产业获评国家先进制造业集群。现有高新技术企业770余家，产值超亿元企业276家，上市企业11家。

"醉美之城，幸福乐清。"千年古县城潜力无限，正蝶变为集工贸、旅游、港口于一体的现代化城市。

雁荡山灵峰

城东城市风貌

城东街道

明正统七年（1442）时称后所。总面积35.6平方千米，下辖3个社区和7个行政村，常住人口约7.6万人。

· 省革命老区乡镇（街道）
· 省级农业"机器换人"示范街道
· 温州市语言文字规范化街道

江南里：街廊巷院式商业街区，占地41亩、建筑面积5.8万平方米，集广场、水系、街区等经典元素于一体，由15幢3—5层中式风格商业建筑及地下商区组成。

新体育馆：占地356亩，建筑面积6万多平方米，体现了"山水乐清"的设计理念。曾举办"雁荡山杯"中美国际女篮对抗赛等大型国际体育赛事。

数字治理：街道打造"数据驾驶舱""数字经济小脑""智汇东山南"等管理平台，打通社会治理和社区服务"最后一公里"。

传说东周灵王的太子子晋骑鹤驾临吹箫，凝仙气筑此地。总面积 79.4 平方千米，下辖 12 个社区和 4 个行政村，常住人口 8.8 万人。

- 省文化强镇
- 省幸福街区
- 省革命老区乡镇（街道）

东塔云烟： 乐清"箫台八景"之一。东象山（即东塔山）之巅的东塔，始建于北宋熙宁间，南宋淳熙间续建，塔高约 18 米，为砖结构、六面七级空心楼阁式，全国文保单位。在春冬两季有大雾的清晨，云雾萦绕东塔，呈现出朦朦胧胧的自然风光，是谓东塔云烟。

灵山景区： 总面积 32.87 平方千米，西邻中雁荡山景区。因山体呈现"灵山"字形而得名。景随水而活，水随景而灵，有"一灵三奇五龙"之称。景区入口为摩崖石刻"寻得桃源"，内有黄檀硐、龙台、双秦、灵山顶、水飞谷五大景区。

黄檀硐村： 始建于宋代宝庆年间，面积约 20.7 公顷，是省内为数不多保存完好的古村落之一。以村古、林茂、水美、石奇、硐怪的独特景观入选首批"中国景观村落"。

灵山梯田

东塔云烟

周昌谷艺术馆

城南街道

明时称松溪里。总面积20.9平方千米，下辖7个社区和1个民族村，常住人口8.8万人。

· 省级垃圾分类示范区
· 省革命老区乡镇（街道）
· 省司法优秀单位

陈求鲁纪念馆：陈求鲁 (1183—1253)，南宋嘉定十六年 (1223) 中榜眼，先后出任多地地方官、军事教官、财税长官、提刑官，67 岁任大理寺卿，是一心为民的清官。1996 年，万岙村民开山采石发现了陈求鲁墓后，建立了陈求鲁纪念馆。系市级爱国主义教育基地。

周昌谷艺术馆：周昌谷（1929—1985），20 世纪浙派人物画代表人物，艺术风格清新而苍郁，作品《两个羊羔》获第五届世界青年联欢节金质奖章。艺术馆收藏、展示其书画作品及文件资料，建筑风貌彰显乐水风雅，是乐清美学新地标。

清和公园：水面面积约 1050 亩，陆地面积约 900 亩，集滞洪、亲水、休闲三大功能为一体，有乐清"太子湾"美誉，是省级优质综合公园。

南虹广场：建筑面积 11 万多平方米，是乐清市引进的首个国际顶级商业业态模式的购物中心，涵盖多种商业业态。

因盆盛海水暴晒成盐，故名"盐盆"。总面积 20.50 平方千米，下辖 1 个社区和 8 个行政村，常住人口 3.59 万人。

汉济寺：始建于唐朝末年，坐落于盛岙村卧牛山之背。相传后唐李氏兵败避逃于此，仗剑刺岩涌出泉水一解兵马劳顿，为报恩特建寺于此。

九合公司：9 村抱团共建乐海围垦工业返回地标准厂房联建项目，走出颇具特色的村社集体经济壮大之路，拓展"共同富裕"大场景。

盐盆山清和公园一体化项目：乐清"全域美"建设中最具代表性与引领性工程，功能定位为"山海荟客厅、城市新阳台"，项目建设包括新建山体公园、渔人码头等六大区块。

美味海鲜：盐盆盛产海鲜，辖区内有近 50 年历史的老字号海鲜楼，特色菜有椒盐大头小黄鱼、小膏蟹、泥蒜炒年糕、水鱼饼等。

盐盆街道

盐盆山清和公园一体化项目

翁垟街道

相传古为海积荒地，后有翁姓来此开垦成垟，以姓命名"翁垟"。下辖1个社区和23个行政村，常住人口8.06万人。

- 省卫生街道
- 省级生态街道
- 省"东海文化明珠"

中共乐清支部成立地旧址：位于曙光村长春楼，该楼建于清光绪十三年（1887）。1926年，中共乐清支部在此成立，这是乐清最早的党组织，也是温属各县中建立的第一个支部。系市党史教育基地、市爱国主义教育基地。

南怀瑾故居：南怀瑾（1918—2012），中国当代文学家、教育家、国学大师。故居位于翁垟地团，入选中国华侨国际文化交流基地、省社会科学普及基地。

民间工艺繁荣：乐清黄杨木雕的发祥地，龙档、竹编、渔灯等民间工艺百花齐放。乐清的11位中国工艺美术大师中有7位翁垟籍，另有2位师从翁垟籍大师。

滩涂养殖产业：蛏蟟、泥蚶、蛏子等滩涂海鲜远近驰名，优质的海淡水资源成为贝类育种的风水宝地，其中三屿村被誉为中国水产贝类育苗第一村。

翁垟街道

白石街道

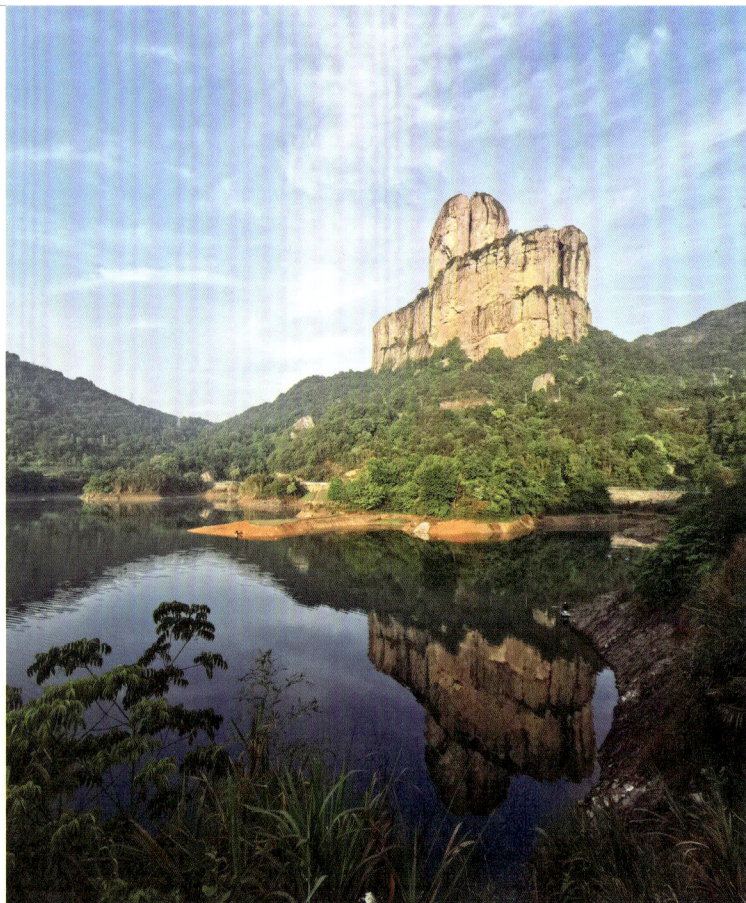

玉甑峰

境内群山岩石多白色，故名"白石"。总面积49.5平方千米，下辖1个社区和12个行政村，常住人口3.46万人。

乐清白石杨柳滩遗址： 新石器时代晚期（距今4000年以上）温州文化的遗存之一，遗址的发现对考察温州史前文明意义重大。

钱文婉： 宋朝诗人，乐清第一位女诗人，名儒钱文子的曾祖姑、"乐清三贤"之一进士贾如规的伯母。明《永乐大典》载有她的《登白石山》一诗。

蓝夹缬技艺： 地方传统印染技艺，以雕版紧夹织物，浸于染液而完成，程序烦琐、工艺精细。系国家级非遗项目。

中雁荡山： 原名白石山，总面积93.44平方千米，有景点300余处，以峰雄嶂险、飞瀑流泉、洞幽寺古、湖光山色、潭碧林翠著称。南朝谢灵运诗云："千顷带远堤，万里泻长汀。"

明庆禅寺

因境内石堁山"山后大石高丈余若片帆"而得名。总面积31.95平方千米，下辖1个社区和13个行政村，常住人口4.26万人。

· 全国水稻绿色高质高效行动千亩片
· 省水稻绿色高产高效创建千亩示范片
· 省作物健康小镇
· 省级民族团结进步创建重点培育单位

石帆街道

刘黻：1217—1276年，南宋诗人，忠烈之臣。因历史上两次太学事件而扬名，遗著有《蒙川集》10卷。

明庆禅寺：始建于唐天授三年(692)，初名云光院，宋大中祥符五年(1012)赐额"明庆"，王十朋曾在此开设书会。

古法红糖：已有近百年历史，利用本地甘蔗，采用古法熬制而成，色泽自然，闻之甘香。

大界村：有明庆禅寺、刘黻题名的"源远泉"摩崖石刻以及他为母亲修建的慈济桥等人文遗迹，为全国文明村。

农副产品批发市场：占地面积58亩，蔬菜、肉类、水产、粮油、调味品等农副产品一应俱全，是乐清最大型的综合性农副产品批发市场，省第二批公益性农产品市场。

石帆街道

万桥古桥

天成街道

相传清朝建陡期间，天气晴和无雨，当地民众以为天助陡成，故名"天成陡"。总面积 11.7 平方千米，下辖 1 个社区和 8 个行政村，常住人口 1.93 万人。

· 中国精密模具生产基地
· 省百强文化名镇（街）
· 省卫生街道

万桥革命历史纪念馆：纪念于 1938 年建立的中共万桥村支部。万桥是革命老区，为乐清的抗日事业、解放战争作出重要贡献。

万桥古桥：始建于北宋元祐二年（1087）的五孔石拱桥，省重点文保单位。

万泽社区水产综合园：加速推动水产加工产业聚集，醉泥螺、万泽鱼鲞等传统海副产品享有盛名。

精密模具产业：建有乐清市互联网＋精密模具产业园。产业园创新生产经营模式，实现资源共享，获"中国精密模具生产基地"称号。

中国电工电器城

因乡人多聚集在柳树下交易农副产品，形成固定集市，俗称"柳市"。下辖 5 个社区和 89 个行政村，常住人口 33.19 万人。

柳市镇

★省文化强镇
★国家卫生强镇
★全国百强镇
★全国文明镇
★中国电器之都

细纹刻纸博物馆：细纹刻纸是起源于乐清的民间剪纸艺术，为首批国家级非遗项目。博物馆分五大区块，馆藏藏品 108 件，作品题材丰富，样式多变，极具收藏和观赏价值。

林宅湿地公园：总占地面积 650 亩，自然岛屿众多，水网交织，其中水域面积 201 亩，是一座环境优美、宜居宜游的都市公园。

七里港口码头：一期工程于 2001 年投入生产试运行，1919 年孙中山先生在《建国方略》中提出建港区的设想逐步变为现实，是国家重点工程项目。

中国电工电器城：采用全球领先"第七代产业集聚中心"模式，打造为全球规模最大、种类最全、服务功能最完善的电工电器产业航母，是省重大产业项目。

正泰物联网传感器产业园：乐清智能电气小镇生产性核心项目，园区以做强传感器产业生态圈为目标，以物联网传感技术应用和工业自动化装备制造为产业主体。

清时称白塔里，因与瓯海白象重名，1982 年冠以方位词称北白象。总面积 63.62 平方千米，下辖 1 个社区和 50 个行政村，常住人口 16.07 万人。

- 省小城镇环境综合整治样板镇
- 省级森林城镇
- 省 3A 级景区镇

张淮南墓： 位于珰头村村东狮子山。张淮南（1904—1941），曾为国民党高级将领，后担任中央组织部代副部长，是最年轻的中央执行委员，全力推动国共和谈，促成抗日民族统一战线建立。

明代尚书高友玑家族墓： 坐落在北白象高垕山西麓。由明代南京刑部尚书高友玑(1461—1546)为主的十二位高氏族人墓葬组成，体现了明代品官墓葬的建筑设计成就。系全国文保单位。

白象石塔： 始建于北宋天圣九年（1031），明洪武六年（1373）重修。现台基为宋代遗物，塔身为明初建筑，结构为楼阁式青石，平面呈六角形，共 5 层，高 14 米，内部呈筒状，整体逐层缩小呈锥形。

白象香糕： 选用上等糯米制成，口感甜而不腻，糯而不黏。系省级非遗项目。

前西岑村： 村内河道纵横交错，10 座孤屿和半岛如明珠般镶嵌其中，素有"天赐瑶池镶美玉、西岑十岛水盈盈"的美誉，省级美丽庭院特色村。

路之遥奥特莱斯商业广场： 汇聚国际名品、特色美食、婚庆摄影、儿童主题等主力业态，浙闽地区唯一升级版奥特莱斯商业综合体，省重点投资项目，"温商回归"重点工程。

白象石塔

雁荡云影　乐音清扬

金色家园

南宋开禧元年（1205），在新市河（今东干河）上用赭石重建石桥，宛如彩虹渡波，名"虹桥"，后以桥名镇。总面积 57.34 平方千米，下辖 4 个社区和 31 个行政村，常住人口 13.47 万人。

虹桥镇

朱谏：1455—1541 年，明代官员，世居瑶岙，历任歙县、丰城县令，继升赣州、吉安郡守。晚年优游雁荡山，著有《宋史辩疑》《学庸图说》《荡南集》《雁山志》等。

朱镜宙：1889—1985 年，字铎民，辛亥革命志士、南洋华侨史专家、民国报人。后潜心学佛及致力弘法，著有《五乘佛法与中国文化》《梦痕记》《思过斋丛话十卷》等。

寿宁堡：始建于明嘉靖四十一年(1562)，坐落于瑶岙村，是明代抗倭的重要设施。其背靠巍峨奇秀的白龙山，接壤虹桥平原，是守护古温、台古驿道的要冲，有"温台第一关"之称。

白龙山：系括苍山余脉，东北接壤雁荡山。因"白龙圣母"的传说而得名，以奇洞怪石、幽谷秀水、名寺古刹、森林景观为主要特色，其中龙水喷景区有"仙人之居"的美称。

㘰前村：以"党建统领、共富先行"为原则，打造村企融合新样板，是省第二批未来乡村。

汽车电子产业：以电子信息产业为特色的数字经济类特色小镇，被列入省级特色小镇第六批创建名单。

辖区内各村落分别于宋、元、明形成，因原淡溪乡得名。总面积85.4平方千米，下辖1个社区和23个行政村，常住人口4.05万人。

·省首批小城镇环境综合整治样板镇
·省3A级景区镇
·省森林城镇
·省生态镇
·省美丽乡村示范镇

王十朋：1112—1171年，字龟龄，号梅溪，南宋著名政治家和诗人、一代名臣，人称南宋大贤。著有《梅溪王先生文集》《尚书解》《春秋解》《梅溪奏议》等。

翁卷：南宋诗人，"永嘉四灵"之一，著有《翁卷集》。其代表作《乡村四月》"绿遍山原白满川，子规声里雨如烟。乡村四月闲人少，才了蚕桑又插田"脍炙人口。

状元宴：以状元文化为核心，用"金榜题名""独占鳌头"等成语命名，寓意学业有成、事业兴旺。食材取自本地，设主食、主菜、甜品及饮品等。

杨梅：以黑炭和东魁品种为主，全国名特优新农产品。杨梅干制作技艺系市级非遗项目。

梅溪村：王十朋状元故里核心景区所在地，王十朋状元文化内涵发源地。获评全国文明村、省3A级景区村。

黄塘古村：村内以屏墙底屋、上溪头屋、三退屋等古民居为代表的古建筑群整体历史风貌保留完整。获评省级历史文化名村、省3A级景区村。

淡溪镇

雁荡云影 乐音清扬

清江镇

境内有乐清第一大河清江奔流而过，因此得名。总面积49.4平方千米，下辖19个行政村，常住人口3.01万人。

· 中国牡蛎之乡
· 省卫生乡镇
· 省3A级景区镇
· 省级生态镇
· 省体育强镇

江沿村：以千亩李花谷而闻名，狮子岩山、走马楼水库、西山寺遗址、南宋摩崖石刻等人文景观与李花谷串点连片。

清江三鲜面：旧时当亲戚朋友来访，主人将就近打来的鱼、蟹等海货煮面给客人当点心，此习俗一直沿袭至今。最大特点是用料新鲜，"不见其菜肴，但闻其鲜香"是对其最佳形容。

牡蛎养殖：此地养殖条件得天独厚，具有悠久的牡蛎养殖历史，牡蛎养殖1万亩以上，年产量2万吨，是"中国牡蛎之乡"。

北塘村田园综合体

芙蓉峰

始建于东晋宁康二年（374），民国二十年(1931)置镇。总面积88.2平方千米，下辖19个行政村，常住人口3.46万人。

· 中华全国钻头产业基地
· 省卫生镇
· 省森林城镇
· 省3A级旅游镇
· 省小城镇环境综合整治示范乡镇

发祥岭栈道：建于明崇祯年间，位于巨坑庵自然村，为乐清西北地区通往永嘉古道。栈道全长124米，道旁有摩崖石刻。系省级文保单位。

良园大闹：传统民俗演奏形式，距今有700余年历史。当地举办各类重大活动以及传统节日时均以"大闹"开路，"大闹"的演奏包含九种乐器，由擂鼓者指挥。系市级非遗项目。

西石梁大瀑：位于雁荡山雁湖景区内，是一条隐于壁立高崖内的悬瀑，瀑高约160米，仅次于大龙湫，为雁荡山第二大瀑布。徐霞客在游记中云："其高亚龙湫，较似壮胜，故非岩山第二流也。"

芙蓉峰：位于雁荡山西外谷东岭上，自石门村视之，颇似观音，又名观音岩，高70余丈。

黄金溪：本名芙蓉溪，又名花溪，沿途包含矴步浪花、鱼墅腾龙、藏水之湾、芙蓉古镇、音乐喷泉等诸多景点。获评省级美丽河湖。

芍药基地：位于前洋村，占地220亩，每年春季花开美不胜收，吸引大量游客前来游玩，观赏期约为半个月。

大荆镇

建制已有 880 多年历史，曾为温州十三寨之一。东与台州温岭接壤，北接台州黄岩。总面积 135 平方千米，下辖 2 个社区和 47 个行政村，常住人口 6.96 万人。

· 中国铁皮石斛之乡
· 国家铁皮石斛生物产业基地
· 中国铁皮枫斗加工之乡
· 国家级农业产业强镇
· 省级首批新时代富春山居图县域风貌样板区

石斛森林

石门潭

迎客僧：雁荡山奇石，又名石佛岩、老僧岩。岩石朝东南方，呈拱手做迎客状，为雁荡山名胜之一。徐霞客《游雁荡山日记》对此有详细记述。

东石梁洞：位于雁荡山东外谷，谢公岭东麓。洞口一天然巨石自顶横空，斜悬如梁似虹，因此得名。

铁定溜溜乐园：以铁皮石斛为核心，集主题游乐、田园休闲、旅居度假、科普教育为一体的田园综合体项目，拥有亚洲最长滑轨溜溜和世界最高的溜溜塔。系国家 4A 级旅游景区。

下山头村：创新租金＋股金＋薪金的"三金"模式发展村集体经济，打造了乡村振兴样本。入选国家森林乡村、省共同富裕示范区试点、省 3A 级旅游景区特色村、省级首批未来乡村等。

石斛产业：拥有域内外石斛种植面积近 1.8 万亩，从业人员近 3.5 万人，全产业产值 15 亿元。

仙溪镇

* 省新时代富春山居图县域样本区
* 省3A级景区镇
* 省级生态镇
* 省卫生镇
* 省摄影之乡

南阁牌楼群

民国元年（1912）始称仙溪乡。北邻台州黄岩，总面积98.5平方千米，下辖17个行政村，常住人口1.73万人。

章纶： 1413—1483年，明朝名臣、藏书家，明正统四年（1439）登进士第，获授南京礼部主事，景泰初年升任礼部仪制郎中。著有《章恭毅公集》《困志集》等。

南阁牌楼群： 建于明正统至嘉靖年间，位于南阁村。牌楼原有7座，现存5座，均为木石混合结构，自南往北依次为"会魁""尚书""方伯""恩光""世进士"，是明代牌楼少见的实例。系全国文保单位。

北阁古民居： 古民居沿篑渠而建，错落有致。规模较大的有清朝时期兴建的宝善堂、叙伦堂、宝亲堂三座三进大宅院。

仙桥景区： 位于雁荡山最北端，传说是仙人王子晋骑鹤飞临之地，有仙人桥、仙人洞、仙姑洞、龙湖等景点。

横坦网红坝： 位于横坦村，距离横溪头约2千米。以鱼鳞的形状设计拦水坝，溪水经过堤坝时层层分流格外漂亮，是夏日倍受欢迎的戏水地点。

大龙湫景区

雁荡镇

因境内雁荡山得名。总面积103平方千米，下辖1个社区和21个行政村，常住人口4.21万人。

· 全国环境优美镇
· 国家卫生镇
· 省旅游强镇
· 省文化礼堂建设示范乡镇
· 省美丽城镇样板镇

雁荡山：简称雁山、雁岩，素有"海上名山、寰中绝胜""东南第一山"之誉，分灵峰、灵岩、大龙湫、三折瀑、雁湖、显胜门、羊角洞、仙桥八大景区，有500多处景点，是世界地质公园、首批国家5A级风景名胜区。

西门岛红树林：我国最北端的一片红树林，也是全省唯一的海岛红树林种植区。

雁荡毛峰：古称"雁茗"，相传在晋代由高僧诺讵那传来。乐清种植雁荡毛峰的历史悠久，有1600多年茶史和500多年的宫廷贡茶历史。

能仁寺：始建于北宋咸平二年（999），原名常云院，1117年改名能仁寺。南宋时达到全盛，是雁荡十八古刹中规模最大者。

明洪武八年（1375）设卫，洪武二十年（1387）建城。总面积 14.7
平方千米，下辖 9 个行政村，常住人口 1.88 万人。

· 国家卫生镇
· 省园林城镇
· 省美丽城镇
· 省象棋示范镇

日军入侵温州（乐清）展示馆： 侵华日军第十三军六十师团
五十五旅团侵占温州期间的司令部所在地，2015 年为纪念反法西斯
战争暨抗日战争胜利 70 周年建成开馆。

真如寺： 始建于唐文德元年（888），位于重石村。僧肇法师建其
于芝山之麓，初名"重臻院"。宋真宗大中祥符元年（1008）赐额"真
如寺"。寺内七塔为全国文保单位。

磐石灰鹅： 代表乐清味道的"十小碗"之一，曾为朝廷贡品，熏
灰鹅技艺已传承数百年。

浙江云谷磐石大数据中心： 浙南最大的"五星级"数据中心，拥
有 8000 个机架的装机总量，10 万台服务器、20EB 存储容量，存储
量相当于 100 万个国家图书馆。

磐石镇

磐石江景

蒲岐镇

蒲岐古镇

由屯兵形成具有海边渔盐特色的历史古镇，迄今有800多年建制史。总面积33.63平方千米，下辖12个行政村，常住人口3.31万人。

· 国家卫生乡镇
· 省健康乡镇
· 省历史文化名镇
· 省美丽城镇建设样板

蒲岐抬阁

蒲岐抬阁：已有170余年历史，集舞蹈造型、绘画、戏曲、纸塑、杂技于一体的民俗艺术。传统的蒲岐抬阁由十名以上的健壮男儿抬杠，架上十多名童男童女扮演古戏或现代戏人物。现代抬阁已创新为彩车行进，于每年元宵节表演。系省级非遗项目。

九月会市：起源于明朝，为纪念城隍爷九月寿诞而形成的集市。举办时间为农历九月初一至初五，商贾纷至，并举行各种文娱活动。

四城门：建于宋淳熙年间，分别是保泰门、蔚文门、安定门和镇武门。系乐清市文保单位。

蒲岐海鲜城：集海鲜批发、生鲜销售、特色餐饮于一体的新型商业综合体，是乐清市现代服务业重点工程建设项目。

位于岳头山南，故名南岳。总面积25.66平方千米，下辖10个行政村，常住人口1.78万人。

· 全国综合实力千强镇
· 省卫生镇
· 省美丽城镇
· 省森林城镇

高跷抬阁：始于清末，当地传统春节民俗活动。民间艺人们踩着1.5米的高跷抬阁，童男童女在临空的阁子上打扮成戏剧角色。

海上休闲渔业：拥有得天独厚的港口资源与海域海鲜资源，辖区内的休闲渔业码头配套滨岸观光打卡点、离岸休闲海钓游船，吸引游客前来体验游玩。

法华寺：始建于唐昭宗年间，唐光化三年（900）赐名法华寺。系乐清市文保单位。

益海嘉里（温州）粮油食品有限公司：成立于2018年5月，是世界500强企业益海嘉里金龙鱼集团独资子公司，是一家综合性粮油食品龙头企业。

海上休闲渔业

雁荡云影 乐音清扬

南塘镇

古称"塘垟"。总面积18.18平方千米，下辖12个行政村，常住人口2万人。

· 国家卫生镇
· 省革命老区乡镇（街道）

南塘镇

山马盐场： 位于山马村，温州唯一保留古老晒盐工艺的盐场，已有250余年历史，利用科技手段快速生产出优质盐。乐清版"茶卡盐湖"，在阳光的照耀下宛如一面"天空之镜"。

小横床岛： 乐清唯一有村民居住但尚未通公路的海岛村，东面与温岭大横床岛隔海相望。这里自然生态美如童话，好似被时光遗忘的"绿野仙踪"。

南塘香瓜： 早生翠绿的香瓜清甜爽口、沁人心脾，曾获省农业之最甜瓜擂台赛二等奖、省精品西甜瓜评选优质奖，是南塘农业金名片。

渔业养殖： "赶海"是当地渔民的日常生活。近年来，育苗、虾塘混合放养、深水笼养和海上浮架牡蛎养殖成为滨海南塘独有的名片。

西部山区之里湖、外湖湖上常见云雾缭绕，故名"湖雾"。东北接温岭，总面积27平方千米，下辖1个社区和6个行政村，常住人口1.24万人。

湖雾镇

· 省小城镇环境综合整治样板镇
· 省卫生乡镇
· 省教育强镇
· 省革命老区乡镇（街道）

定头碉楼：碉楼有三层、高约6米，为防御土匪而建。系省级文保单位。

羊角洞景区：雁荡山八大景之一，是其面积最小的一个景区。由羊角洞和双龙谷2个各自独立的风景小区组成，峰、嶂、洞、瀑、潭、湖一应俱全。

湖雾葡萄：连片种植葡萄面积达3000亩，全域葡萄品种以巨峰和维多利亚为主，"石里萄源"品牌拥有较高知名度。

吊床吊椅：乐清乃至温州吊床吊椅产业的集聚地，产品远销欧美，占温州相关产品外贸出口的60%以上。

湖雾滩涂

羊角洞雨雾

小城岭底

因地处山岭之中偏远之地，故名岭底乡。总面积64.8平方千米，下辖11个行政村，常住人口0.79万人。

· 国家卫生乡镇
· 省美丽乡村示范乡镇
· 省革命老区乡镇（街道）

永乐人民抗日自卫游击总队纪念馆：永乐人民抗日自卫游击总队是抗日战争时期中共领导的在浙南开展武装抗日的主要部队，是解放战争时期中国人民解放军浙南游击纵队括苍支队发展壮大的基础。纪念馆建于1997年，由原国防部张爱萍部长题写馆名。系省国防教育基地、市爱国主义教育基地。

周丕振故居：周丕振（1917—2002），括苍游击根据地主要创始人之一，抗战期间曾任永乐抗日自卫游击总队副总队长。故居内设其生平、历史功绩和书画作品展，展示革命先辈为括苍地区解放战争事业作出的贡献。

拾光里田园综合体：高山漂流项目，占地2000多亩，集高山漂流、田园野趣体验、休闲度假于一体，是温州市"乡贤助乡兴"实践基地。

九龙茶园：茶园海拔620米，茶树长势喜人，千株樱花相映，茶绿樱红，吸引游客前来。茶园内设有露营基地，白昼一览山间风光，夜间仰望星空，成为网红打卡点。

岭底乡

民国时期以"仁义礼智信"取名智仁乡。西北至西南与台州黄岩交界,总面积 40.7 平方千米,下辖 11 个行政村,常住人口 1.04 万人。

· 省卫生乡
· 省级生态乡
· 省革命老区乡镇(街道)

五保庙会: 始于明朝,已有 500 多年历史,每年元宵节举办。庙会期间举办花灯巡游活动,从西滩村五保大庙出发,经过村头巷尾,跑马呐喊,锣鼓喧天,一直持续到深夜。

竹文化旅游节: 智仁乡有 1.5 万亩竹林和 5000 多亩食用笋基地,是乐清最大的竹木种植区。旅游节由农旅体验、开幕式、竹乡宴、智仁会市、现场绘画、百公里越野、文艺沙龙等 7 项活动组成,首届于 2017 年举办。

杜鹃花谷: 位于太湖山村海拔 739.4 米的太湖山尖。谷雨时节,这里杜鹃花开,春意盎然,每年举办"高山流水遇知音"杜鹃花谷文化沙龙活动。

舌尖上的智仁五宝: 分别为笋、咸猪肉(咸猪脚)、手工卤水豆腐、手工番薯面(菜圃绿豆面)、手工年糕。

冬笋

竹乡智仁

雁荡云影 乐音清扬

龙西乡

- 全国吊兰、枫斗的重要集散地
- 国家卫生乡镇
- 省4A级景区乡
- 省革命老区乡镇（街道）
- 省美丽乡村示范乡镇

散水阁

地处雁荡山西北部，有龙潭、龙溜等风景区，得名"龙西"。总面积41.8平方千米，下辖9个行政村，常住人口约0.57万人。

散水阁：位于散水崖下方的民宿，避世静谧、古色古香。民宿完美融合了自然景观与民居，是武侠迷必打卡的网红点。

上山面：乐清人喜闻乐见的一种手工面食，细如银丝，洁白柔韧，用它制作的"大荆炒面"和"三鲜面"是颇负盛名的美食。

石斛产业：雁荡山铁皮石斛的发源地，纯手工古法加工石斛，生产石斛粉、石斛饼、石斛花等一系列产品。

石斛瀑布：以6个村为支撑点新建的仿野生石斛种植区，面积55亩，构建"农、文、旅"一体化发展，带动集体经济年均增收300万元，推动农旅产业实现更高质量发展。

6

文邦商都
天瑞地安

　　瑞安是全国文明城市、浙江省历史文化名城。瑞安有"百工之乡"的美誉，现为东南沿海重要现代工贸城市。陆域面积1350平方千米，海域面积3037平方千米，辖9个镇、12个街道、2个乡，常住人口152.8万人，2022年地区生产总值1197.87亿元。

　　文化之城。三国吴赤乌二年(239)置县，有1780多年历史，是"千年古县"，历来人文荟萃，涌现出永嘉学派名家陈傅良、叶适，朴学大师孙诒让，国旗设计者曾联松等名人。

瑞安国旗教育馆

拥有"浙江四大藏书楼"之一玉海楼、浙南石棚墓群等6个国家级重点文物保护单位。木活字印刷术入选联合国教科文组织急需保护的非遗名录。

工贸强市。瑞安以独特的"温州模式"和灵活的经济运行机制蜚声海内外，形成汽车零部件、机械电子、高分子合成材料和时尚轻工四大主导产业，拥有中国汽摩配之都等16张"国字号"金名片，现有市场主体13.5万家，获评国家知识产权强县工程示范县（区）；率先探索农村"三位一体"综合合作改革，获批创建国家现代农业产业园。瑞安人商行天下，40万创业者活跃在全国各地，16万余侨胞分布于世界100多个国家和地区。

品质城市。城镇化率达67.8%，城乡人居环境美，西部山清水秀、中部水田阡陌、东部临江面海，有国家4A级旅游景区寨寮溪等七大风景名胜区，入选浙江省首批美丽县城试点城市，拥有国家园林城市等28张金名片，获评中国最具幸福感城市、国家卫生城市。

文邦商都瑞安，正迈进在高水平打造"青春都市·幸福瑞安"、争当高质量发展建设共同富裕示范区先行标兵的新征程上。

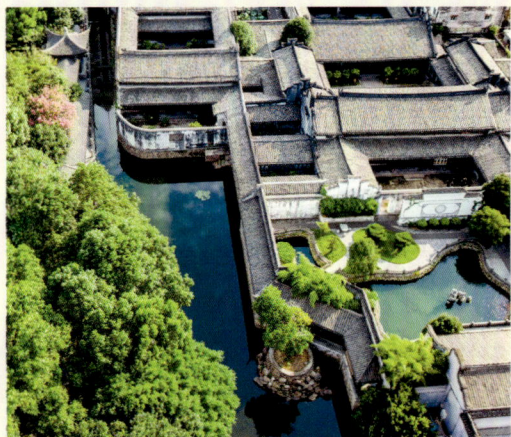

"浙江四大藏书楼"之一——玉海楼

安阳街道瑞祥新区

安阳街道

瑞安市于三国吴赤乌二年（239）建罗阳县，吴宝鼎三年（268）曾改名安阳县，为留住历史记忆，2003年设安阳街道。现总面积14.99平方千米，下辖15个社区，常住人口14.55万人。

· 中国乡镇之星
· 全国"亿万农民健身运动"先进乡镇
· 省级卫生城市
· 省级绿色城镇
· 省级教育强镇

五九亭： 1963年5月9日，毛泽东主席在《隆山公社生产大队干部参加劳动》等浙江省七个关于干部参加劳动的材料上作了重要批示。1993年5月，为纪念"五九"批示30周年，由隆山人民发起，社会各界捐资在隆山公园内建造了碑亭，碑上刻有"五九"批示全文。

话桑楼： 建于清光绪二十四年（1898），又名飞云阁，原址在小东门外莲湖。取唐代诗人孟浩然"把酒话桑麻"诗意，为其楼署名"话桑楼"，是中共瑞安特别支部成立旧址。现移地保护并重建，坐落于隆山西麓。

观音寺石塔： 建于北宋熙宁元年（1068），位于万松山南麓，原称千佛塔。石塔原高七层，现残存六层，存有大小佛像472尊，是中国宋代建筑技术的实例资料。系全国文保单位。

瑞安博物馆： 于2013年建成开放，是一座集文物收藏展示、保护研究、宣传教育、休憩于一体的地方综合性博物馆。

商贸中心： 辖区内聚集了吾悦商圈、中润商务、万松商务广场等一批月光商圈，东门古渡、塘河夜游等文旅休闲贯穿其中，餐饮酒店遍布。

玉海街道

玉海古城

因境内玉海楼得名。总面积 6.6 平方千米，下辖 10 个社区，常住人口 7.25 万人。

· 省文明街道
· 省卫生街道
· 省平安街道

国旗教育馆：2019 年建成投用，位于瑞安西山，总建筑面积 2600 多平方米，以"天圆地方、天瑞地安、鼎盛中华、红旗飘扬"为设计主题。

玉海古城：始建于东汉末年蔡敬则设署邵公屿，至明时形成完整的玉海古城，今城墙、城门已成历史，境内晚清民国建筑众多，拥有 2 处国家级文保单位，3 处省级文保单位，多处市级文保单位及文保点。

孙诒让：1848—1908 年，清末著名经学大师和教育家，作品《周礼正义》《墨子间诂》被公认为"周官学"与"墨学"之权威著作，章太炎赞誉其为"三百年绝等双"。

玉海楼：始建于清光绪十四年（1888），由孙衣言、孙诒让父子所建。孙氏父子敬慕南宋学者王应麟，故取其巨著《玉海》作为楼名。玉海楼集藏书楼功能、浙南优秀民居特点和私家园林风范于一体，是全省四大藏书楼之一。系全国文保单位。

利济医学堂：创办于清光绪十一年（1885），我国最早的一所新式中医学校。其创办人陈虬还以医学堂名义，出版了我国最早的一份医学杂志《利济学堂报》。系全国文保单位。

因境内锦湖而得名。总面积 32.4 平方千米，下辖 8 个社区，常住人口 5.84 万人。

· 省卫生城镇
· 省革命老区乡镇（街道）

探花楼： 位于瑞安中学校园内，现为该校校史馆。仿明清时期瑞安建筑风格的五开间走马楼，清代温州唯一的探花郎孙希旦（1736—1784）读书旧址，在其中探花后改名"探花楼"。

集云山： 古称"邑之冠"，是瑞安城区的帽子。山体范围面积 4625 公顷，山中有木本植物 55 科 96 属 140 种，鸟兽类动物 14 目 22 科 27 种，包括龙潭观瀑、马㟀停车、朱溪印月、锦湖咏风、米刻古石、寂寺晚钟、陶峰夕照、云碓春米在内的"集云八景"自清起就享有盛名，是大自然赐予的"金山银山"。

瑞安中学： 百年老校，人才辈出。创办于 1896 年，省一级重点中学，前身为孙诒让等人创办的我国最早的算学专门学校"学计馆"及"方言馆"。1955 年始称浙江省瑞安中学。2005 年，国际小行星命名委员会命名 4073 号小行星为"瑞安中学星"，是我国首个获此殊荣的中学。

集云山

潘岱港湾

2016 年设街道。总面积
29.8 平方千米，下辖 5 个
社区，常住人口 2.06 万人。

· 省级美丽城镇
· 省革命老区乡镇（街道）

孙诒让故居： 始建于清咸丰十一年 (1861)，位于砚下村，清末著名经学大师和教育家孙诒让出生地。已开辟为纪念展览馆和研学基地，展示孙诒让生平事迹。系省级文保单位。

镇滢桥： 始建于光绪年间，桥洞跨度 7.7 米、高 6.7 米，由天然的溪卵石堆垒而成，独特的单孔石拱桥造型为温州少见。

桃梅基地： 位于寺前老村，以梧岙桃花谷、寺前乡贤林、曹岙桃花源政协林、谢岙寿桃山等连点成片重塑"十里桃林"。

播地灯： 一种可滚动式球灯，融合编竹、绘画、雕刻等技艺的传统特色手工艺品。每年春节，村民自发组织播地灯表演，为来年五谷丰登祈福。系瑞安市非遗项目。

仲容社区： 孙诒让、孙衣言、孙锵鸣家族故乡，以"诒让文化"为要点打造精品环线旅游项目，获评省 A 级景区村庄。

孙诒让故居

潘岱街道

因境内东山得名。总面积 28.6 平方千米，下辖 5 个社区和 2 个行政村，常住人口 6.64 万人。

· 省体育强镇
· 浙南渔业重要生产基地

振中党支部： 1987 年，瑞安市振中工程机械厂成立全国第一个民营企业党支部，举起非公党建的第一面红旗。

大坪遗址： 位于大岙村北龙山北麓，于 1983 年文物普查时被发现，面积约 7000 平方米，遗物有陶器、石器等，是新时代时期至商周时期的古遗址。系省级文保单位。

李毓蒙： 1891—1961 年，民国时期温州民族工商业代表人物，发明中国第一台弹棉机，创办温州首家机械制造企业，被誉为浙南机械工业先驱、温州职业教育奠基人。

丁香鱼生产： 组建国内唯一丁香鱼生产船队，已连续 5 年获批丁香鱼专项限额捕捞许可，全国首创丁香鱼"海上加工"生产。

海洋渔业： 浙南渔业重要生产基地，拥有国家一级渔港——东山渔港、浙南最大水产品交易市场——瑞安水产城，已形成水产品产业链。

东山街道

因码头称上码而谐称上望。总面积 25.4 平方千米，下辖 18 个行政村，常住人口 6.71 万人。

· 省革命老区乡镇（街道）

上望街道

上望街道

革命老区: 拥有深厚的革命历史、丰富的红色资源。上望人民革命斗争历史是瑞安东区革命史的重要组成部分，涌现了蔡巨铭、林金钱、林福禧等为国家的独立、民族的解放和人民的幸福而浴血奋斗的革命先辈。

蔡敬则纪念馆: 蔡敬则（151—222），东汉灵帝光和时被推举为孝廉，授南阳令，后弃官归隐瑞安。为人负有气节，名闻于乡间。吴黄武初赐谥为"忠义"，后民间将其作为神来奉祀。纪念馆以展出蔡敬则生平和工业针纺陈列厅为两大特色。

渔业强镇: 瑞安市重要渔业生产基地，辖区内渔业以海洋捕捞为主，现有各类渔船 274 艘。

丁山产业园: 园区聚焦发展未来产业，打造智能装备制造、新材料等新兴产业的主平台，引入一批龙头大项目和多家高成长型企业。

古代此处便是莘草生长、塍堤交错，故名"莘塍"。总面积 20.51 平方千米，下辖 11 个社区和 8 个行政村，常住人口 12.31 万人。

岱石山石棚墓： 位于岱石山西南山腰至山坪，共发现 37 座。是浙南石棚墓的代表，西周文明的遗址，墓中出土陪葬品有印纹硬陶罐、豆、鼎、纺轮、原始褐黑釉瓷尊等。

聚星书院： 始建于清道光六年（1826），浙南历史最为悠久的学校之一，培育了缪天瑞等著名人物，莘塍中心小学前身，是寓言故事《小马过河》的创作地。

叶适纪念馆： 叶适（1150—1223），南宋官员、思想家、文学家、政论家，世称水心先生，永嘉学派代表人物之一。该馆是瑞安首家民间纪念馆，叶氏后裔捐资及民间捐赠占 80% 以上，入选省博物馆（纪念馆）名录。

九里汇历史文化街区： 位于九里码头和莘塍码头之间，是塘河沿岸颇具特色的传统商业街，规划范围总用地面积 3.85 公顷。这里曾是塘河上的商贸明珠，见证了莘塍的变迁与发展。

中塘河田园风光： 打造为"人、水、城"三者和谐共生的生态景观，较好地保留了浮岛、滩林，形成集生态景观、休闲娱乐等于一体的滨水景观带。

工贸重镇： 辖区内汇聚高分子合成材料、鞋类、塑料、机械五金、包装、服装等六大行业，拥有规模以上企业 121 家。

莘塍街道

- 中国休闲鞋生产基地
- 中国塑料薄膜生产基地
- 省数字生活新服务特色镇
- 省革命老区乡镇（街道）

叶适纪念馆

汀田街道

汀田街道

明嘉靖年间以姓称丁田庄，后雅称汀田。总面积 21.3 平方千米，下辖 3 个社区和 22 个行政村，常住人口 6.11 万人。

· 中国织带之乡
· 省第六批省级生态街道
· 省体育强镇
· 省工业卫星镇

翠荫洞摩崖题刻：翠荫洞原名神剜洞，与始建于宋元祐间的古刹宝坛寺相邻。位于金岙村山麓，摩崖题刻共有 24 条，题名的人主要有林石、赵景仁、陈傅良、宋之才、叶子初和王士翘等。题刻记有诗及具体时间。字体则正楷、行书、隶书、篆书俱备，构成了文学、书法艺术的摩崖群。系省级文保单位。

张棡：1860—1942 年，著名教育家，先后在温州师范、瓯海公学、温州中学各校授课，其传世遗作《杜隐园日记》被世人誉为"浙南百科全书"。

织带产业：全国织带生产、出口集聚区之一，产品远销几十个国家和地区，年产值近 10 亿元，松紧带产品占全国市场份额 40% 以上。

东新产城科创园：环大罗山科创走廊瑞安科技城的"龙头引擎"项目，以信息产业为核心、以创意产业为特色，是集科研办公、科技孵化、人才公寓、成果转化等功能于一体的创业平台和特色产业基地。

因境内飞云江得名。总面积 25.3 平方千米，下辖 12 个社区和 7 个行政村，常住人口 7.54 万人。

· 省美丽城镇
· 省级特色小镇
· 省级众创空间
· 省级未来乡村试点

飞云渡： 明嘉靖元年（1522）建正式码头，明、清、民国多次重建、扩建和异地迁建。初为舢板、小船停靠的简易埠头，现为瑞安飞云江南北通航的重要渡口，如今依然在通航。

瑞安新外滩： 总占地约 477 亩（含景观带），依托沿江景观带建设包含摩天轮等 9 大城市地标集群的沿江景观带，打造为瑞安南滨江风光带。

杜山头未来乡村： 以"飞云流韵 · 创聚青春"为主题，以数智文化赋能，激活城郊乡村产业发展，唤醒田园生态，打造为"杜山幸福 +"城郊融合未来乡村。

侨贸小镇： 规划面积约 2.76 平方千米，围绕"侨""贸"二字打造全产业链模式，是全省唯一以"侨"字为主题的特色小镇。

侨贸小镇

原云江乡和周苌乡合并时各取一字得名。总面积 25.5 平方千米，下辖 3 个社区和 10 个行政村，常住人口 4.79 万人。

· 省级数字生活新服务特色镇
· 省"五水共治"优秀街道
· 省数字生活新服务特色镇

云周街道

卓敬碑亭：卓敬（约 1348—1402），字惟恭，明洪武二十一年（1388）榜眼，官至户部右侍郎，"靖难之役"后被捕，宁死不移忠于朱棣被杀，并夷三族。明万历初，温州江心屿与瑞安浦后，分别建卓公祠纪念，清乾隆四十一年（1776），赐谥"忠毅"。

"小马过河"精神：家喻户晓的寓言故事《小马过河》作者彭文席是云周人。故事中蕴含的独立思考、勇于实践的精神成为云周人勇于探索、敢于创新的力量。

全学梅烈士纪念馆：全学梅（1913—1930），瑞安南区妇女运动的领导人之一，是瑞安年龄最小的女烈士，被称为"瑞安的刘胡兰"。纪念馆位于上埠村，由纪念亭和陈列室组成。

橡胶鞋业："省 152 项目"工程天宏高分子新材料时尚鞋智造项目在此落地，年产值超 30 亿元。

商贸物流生态圈：有省级普洛斯物流园区和云达、京东物流园，系瑞安市最大的现代智能物流集散中心。

境内原有土岗，大潮不淹，遂称仙岗，后因"岗""降"方言同音，谐称仙降。总面积 34.1 平方千米，下辖 3 个社区和 21 个行政村，常住人口 10.02 万人。

- 中国箱包名城
- 中国胶鞋名城
- 省革命老区乡镇（街道）

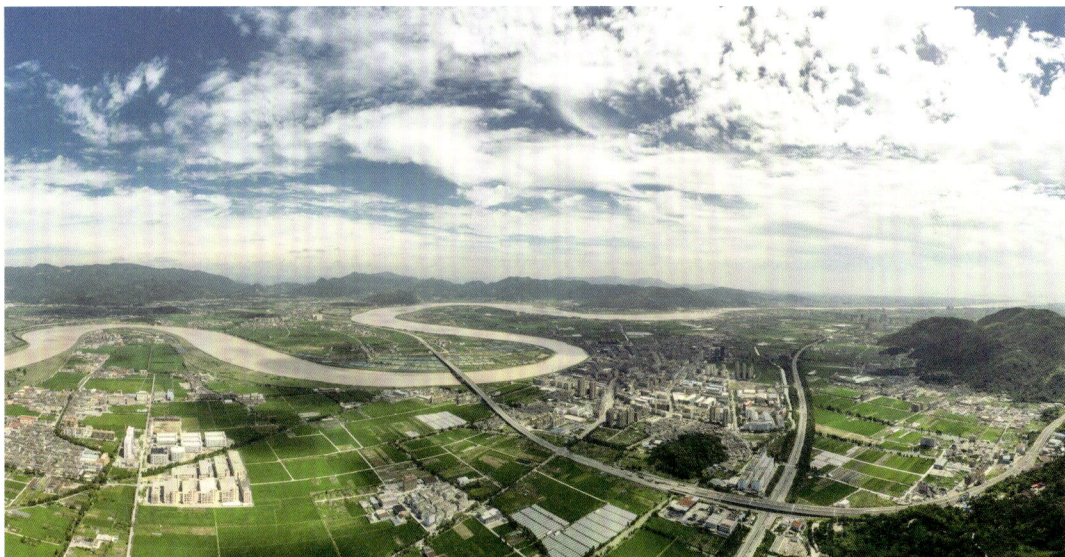

仙降街道

周坦： 1201—1263 年，著有《平甫先生文集》，南宋嘉熙二年（1238）状元，淳祐五年（1245）进御史台，升监察御史，殿中侍御史，以刑部尚书致仕。死后追赠光禄大夫，谥文肃。

垟坑石塔： 建于北宋熙宁四年（1071），仿木构楼阁式实心石塔，塔身有浮雕佛像数百尊，刻有铭文 8 处 11 条，是浙南地区宋代石构建筑的代表之一。系省文保单位。

下林高腔： 浙江"八大高腔"之一，是现存温州剧种中最古老的一种。系省级非遗项目。

仙降街道

林垟湿地

南滨街道

因辖邻近飞云江、东海得名。总面积 28.5 平方千米，下辖 2 个社区和 15 个行政村，常住人口 4.36 万人。

·浙南威尼斯
·规上工业产值破百亿重镇

高明: 1305—?，字则诚，元末明初戏曲作家。其代表作《琵琶记》被尊为"南曲中兴之祖"，是南戏创作艺术的成熟标志。

金嵘轩: 1887—1967 年，曾任永嘉济时中学、瑞安中学等多所学校校长，三次出任温州中学校长。毕生奉行知行务实，桃李满天下，为温州乃至全国教育事业作出了贡献。

林氏节孝牌坊: 建于清嘉庆十一年 (1806)，坐落在林南村。牌坊结构完整，整体造型美观，雕刻精美，中坊上刻"为故乙酉科举人柯梦其妻林氏立"。系瑞安市文保单位。

林垟湿地: 位于飞云江入海口南岸，自然景观丰富，水网交错，河流面积达到 1.9 平方千米，植被以陆域向水域过渡的芦苇群落、海三棱藨草群落为主。

横跨温瑞塘河两岸，地处温瑞塘河东岸堤塘下得名。总面积 108 平方千米，下辖 21 个社区和 66 个行政村，常住人口 3.04 万人。

· 中国汽摩配之都
· 全国发展改革试点镇
· 国家卫生镇
· 省森林镇
· 省小城市培育试点镇

塘下镇

陈傅良纪念馆

肇平垟革命纪念馆：肇平垟中村是瑞安新民主主义革命时期党的重要活动据点之一。纪念馆于 1989 年建成，占地面积 6400 平方米，系省级爱国主义教育基地。

陈傅良：1137—1203 年，字君举，世称止斋先生，南宋时期著名的思想家、教育家，是永嘉事功学派承前启后的重要学者，名列《宋史·儒林传》。

石岗陡门：建于北宋，为木石构筑。南宋淳熙十二年（1185）重修，改为全石结构，为陡门建筑史上"以石代木"的初期建筑。系省级文保单位。

陈岙生态休闲旅游区：设有游泳中心、垂钓中心、激情漂流、皮划艇、农家乐等项目，是运动健身、休闲旅游的好去处。系省 3A 级景区。

"万亩千亿"平台展厅：温州首个省级"万亩千亿"新产业平台，总规划面积 590 公顷，全方位展示瑞安汽车零部件制造产业、"万千"平台及平台内企业信息。

塘下镇

陶山镇

因南北朝时期"山中宰相"陶弘景来此隐居得名。总面积约103.1平方千米，下辖47个行政村，常住人口7.1万人。

· 省级中心镇
· 省社会治安综合治理先进集体
· 省级千年古镇
· 省卫生镇
· 省森林城镇

八卦桥： 建于南宋淳熙年间（1174—1189），至今已有800多年，位于陶峰村。是一座二墩三孔梁式石桥。最独特之处是在主墩的两侧设副墩，并锁以石梁，这种桥墩的砌筑形式极为罕见。系全国文保单位。

福泉山省级森林公园： 森林覆盖率高达90.27%，最高峰盘古楼尖海拔934.7米，是一处以森林、碧湖、云海、花岗石地貌为特色的生态公园。

陶山瓯窑青瓷博物馆： 位于丰南村。馆内既有商周到南宋时期的瓯窑藏品，也有现代名家作品及丰富的瓷片标本，游客还可体验瓯窑瓷器制作。系省级乡村博物馆。

福泉寺： 位于福泉山上，南北朝著名道教学家陶弘景隐居之古庐，乃千年古刹，有天下"第二十八福地"之称。

陶山镇

醉美油菜花

原桐溪、浦西两乡合并后各取一字形成。总面积约48.5平方千米，下辖38个行政村，常住人口2.56万人。

· 国家卫生城镇
· 省美丽乡村示范镇
· 省3A级景区镇
· 省小城镇环境综合整治样板镇
· 省森林城镇

桐浦镇

云峰古村落：位于桐浦东北部山区，村落风貌以清代风格为主，保有清代古建筑30余处，是典型的浙南山地古民居。系省历史文化（传统）村落保护利用重点村。

桐溪水库：素有浙南小西湖之称，是浙南最大的鸳鸯过冬栖息地，水中活化石桃花水母的繁衍地。

凤凰谷樱花园：浙南最大的樱花园，也是省内樱花开放时间最早的园区。园内种有13000株樱花树，共10多个品种。

油菜花基地：温州地区最大的连片油菜花海，种植面积近万亩，被誉为"中国十大最美油菜花海"之一。

湖岭镇

相传因地处山区多岭，故称湖岭。总面积 166.9 平方千米，下辖 1 个社区和 29 个行政村，常住人口 5.55 万人。

· 国家卫生镇
· 省文明镇
· 省旅游强镇
· 省美丽城镇
· 省级马蹄笋特色基地

浙南游击纵队旧址： 记录中共浙南游击纵队在这片红色热土上的革命斗争史。系市爱国主义教育基地。

黄林古村： 村内现存晚清建筑近百间，规模较大，保存较为完整。是一座镶嵌在连绵起伏的山峦之中的石头古村落，被誉为浙南的"香格里拉"。

均路古村： 建于明代，已有 500 多年历史，村内保留 20 世纪七八十年代的原始风貌，是电视剧《温州一家人》的实景拍摄地。

金鸡山： 位于桂峰和青田交界处，有"东瓯第一山"之称，海拔 1321 米，是瑞安最高峰。

温泉小镇： 依托浙江唯一一个 5A 级温泉，着力打造辐射浙南闽北赣东的旅游度假区，规划布局温泉原乡核、诸葛后裔旅游文化区、山居福地康养度假区、月光夜色旅游休闲区。

黄林古村

原林溪乡、金川乡合并后各取一字命名。总面积 65 平方千米，下辖 14 个行政村，常住人口 1.2 万人。

· 省卫生镇
· 省森林城镇
· 省美丽乡村示范乡镇
· 省民间艺术之乡
· 省级文化创意街区

梅源文化：是北宋状元王汝嘉、温州学术开创者王开祖及其后人、永嘉学派的先导周行己后人的聚居地，"耕读传家，崇文尚孝"的民间文化生生不息。

石马山岩刻：南朝时期岩刻，刻有佛像、人物和"永定元年（557）七月二十七日"纪年文字，是南期佛教在浙南传播的重要物证。系省级文保单位。

金川有机稻米：种植基地位于生态环境优良、海拔高、日夜温差大的杜山、山林等村。"川和"牌高山梯田稻米获得有机食品认证，多次获评省、市"稻米金奖"。

工艺礼品：有"中国工艺礼品之乡"称号，曾被中央电视台《致富经》栏目赞为"大山里的圣诞树""山窝里飞出的金凤凰"。

云海林川

马屿镇

始建于明嘉靖年间。总面积153平方千米，辖61个行政村，常住人口8.72万人。

· 全国农村"三位一体"综合合作体系改革始源地
· 全国文明镇
· 国家级生态镇
· 国家农业产业强镇
· 省小城市培育试点镇

五云山革命根据地：中共闽浙边临时省委书记刘英同志在此创建根据地，是浙南地区对敌斗争的前沿阵地。

棋盘山石棚墓群：位于石桥村。墓群所用的石材均为花岗石，根据所采集原始青瓷、印纹硬陶等器皿与残片，属晚商至春秋时代墓葬。系全国文保单位。

圣井山石殿：初建于南宋景定元年（1261），位于圣井山风景名胜区，是浙江现存规模最大、保存最完整的石构建筑群。系全国文保单位。

采成蓝夹缬博物馆：建于2010年，位于净水村，现有藏品1427件/套，集展览、展示非遗衍生产品研发、社会实践及教育于一体。系省级非遗工坊。

中国眼镜之乡：全国有两万多名马屿籍眼镜经销商，年销售额逾300亿元，占全国销售份额的55%以上。

中华进士第一村

田园综合体

中华进士第一村：自南宋曹逢时起，短短200年间涌现了82名曹氏进士，成就了"中华进士第一村"的美誉。

曹村元宵灯会：始于南宋绍兴二十七年（1157），曹村人为庆祝曹逢时首登进士第，家家户户举岁星灯，从此相沿成习。如今已成为融庙会、物资交流、文化活动等内容于一体的民俗活动，从正月初十至元宵。系省级非遗项目。

万亩良田天井垟：省内最大的连片粮食生产功能区，骑行、游船、滑翔伞等三栖旅游项目吸引百万游客前来打卡。

东岙村：以"荷美东岙、稻香人家"为主题，建设宜居宜业的和美乡村，围绕东岙村莲清园，推出了温州市首个美丽乡村全域清廉旅游专线。

五代后晋年间，曹氏避内乱迁居此地，以姓氏命名此地。总面积39.2平方千米，下辖14个行政村，常住人口1.85万人。

·全国先进基层党组织
·全国乡村治理示范镇
·国家现代农业产业园
·国家农业公园
·省研学旅行基地

文邦商都 天瑞地安

高楼镇

明嘉靖年间设商埠高楼庄，以此得名。总面积 249.39 平方千米，下辖 7 个社区和 38 个行政村，常住人口 4.85 万人。

· 省美丽城镇样板镇
· 省小城镇样板镇
· 省卫生镇
· 省森林镇

水上高楼

千年古镇： 古称"三港"，元朝初年置三港巡检司。这里有东村唐代摩崖石刻群、上泽宋代古村落、上村雍正土楼、大京卓府城等一批文化遗产。

寨寮溪风景名胜区： 由寨寮溪、九珠潭、龙潭、花岩、漈门溪、回龙洞、银洞、腾烟瀑九大景区组成，保存不少古刹、旧观、古村落及革命胜迹。系国家 4A 级旅游区。

花岩国家森林公园： 地处雁荡山脉延伸部分，总面积 2640 公顷。由九龙溪飞瀑银潭游览区、五云山岳顶花园避暑区、三个尖森林探险野营区、大垟坑森林生态保护区等组成。森林覆盖率 98.5%，系国家森林旅游试验示范区。

高楼杨梅： 主要品种为黑炭梅、东魁梅，以果大、肉细、汁多、味甜而负盛名。当地已连续举办 18 届高楼杨梅节。

木活字印刷

木活字印刷术： 东源村的全套木活字印刷技艺与元朝农学家王祯《农书》中的记载不差分毫，该村也是国内唯一的木刻活字印刷村。因每隔 20 年村内宗族要续修族谱，全套技艺得以流传至今并仍在使用。木活字印刷术堪称世界印刷术的活化石，是国家级非遗项目，被联合国教科文组织列入"急需保护的非物质文化遗产名录"。

平阳坑古道： 别名半岭堂古道，起始于高楼峃底村，终止于平阳腾蛟仁加垟村，全长 5.5 公里，北宋时期就已是瑞安与平阳交通的一条重要驿道，也是当年闽北迁徙至浙南移民的必经古道。沿途森林植被茂盛，尤其到秋季枫叶变红，引来游人如织。

平阳坑绿道： 绿道有万亩竹海，建有自行车道和机动车道，打造精品旅游线路，是《温州两家人》电视剧的拍摄地之一。系省级湿地公园。

南山索面： 用手工拉成晾干的素面，又称"坠面"，鲜软可口。制作技艺距今已 300 年，索面晒场更是吸引全国各地摄影爱好者。

村居平阳坑山岭北麓山坑口，故名平阳坑。总面积 27.2 平方千米，下辖 8 个行政村，常住人口 0.87 万人。

· 国家卫生镇
· 省级非遗主题小镇
· 省园林城镇
· 省森林城镇

北麂乡

北麂乡

北麂岛形如麂，又在南麂之北，故名北麂。总面积4.5平方千米，下辖4个行政村，常住人口841人。

郑和下西洋补给地：郑和七下"西洋"均路过时称东洛山的北麂。《郑和航海图地名索引》记载："东洛山，据图，东洛山在温州港外，南巳之北，不见今图。"

南北炮台：南炮台位于海利村，北炮台位于壳菜岙村。国民党反扑大陆时期的温州沿海第一道防线，炮台内部坑道四通八达，纵横交错，设有指挥室、弹药库、储藏室等。

北麂灯塔：浙东南沿海第一座现代化大型灯塔，温州海域内唯一一座大型国际灯塔。2014年起向全国招募灯塔守护志愿者，被称为最浪漫的志愿者工作。

过水屿：属于北麂本岛余脉，涨潮时无法穿行，落潮时，露出相连唯一小路。岛上视野广阔，有遗世独立之感，是听涛观潮、欣赏夕阳的绝佳去处。

大黄鱼养殖基地：拥有全国最大的双圆周大跨距管桩式围网原生态大黄鱼散养基地，通过钓鱼台食品标准认定。

避风港

1992 年由瑶庄乡、咸芳乡合并而来。西邻丽水青田，总面积 43.9 平方千米，下辖 8 个行政村，常住人口 0.7 万人。

· 国家卫生乡
· 省美丽乡村示范乡
· 温州市无违建乡

集镇区

芳庄乡

周行己：1067—1125 年，宋代学者，世称"浮沚先生"，永嘉学派先驱，为"永嘉元丰九先生"之一。最早提出存款准备金理论，著有《浮沚文集》《后集》等。

六连碓古法造纸作坊群：始建于明朝永乐年间，是温州现存最完整、历史最悠久、规模最大的古造纸作坊群。系省级文保单位。

奇云大漂流：落差为浙南地区之最。景区首创"民间资本＋村集体经济"筹资方式。系省体育局体育产业发展重点支持项目。

双溪寨山庄养生基地：建有温州第一家漂流——双溪寨漂流。系省老年养生旅游示范基地。

庄下民宿集群：瑞安首个民宿集群，由"云上居""日出溪谷"民宿组成，共有 37 间客房。

7

诗画楠溪
耕读永嘉

　　永嘉县建制，始于东汉永和三年(138)设立的永宁县，隋开皇九年(589)改名永嘉县并沿用至今。面积2677.36平方千米，辖11个镇、7个街道、4个乡以及3个功能区，常住人口87.4万人，2022年地区生产总值516.68亿元。永嘉县是全国首批沿海对外开放县之一、文化旅游大县和浙江老革命根据地县、浙江省首个中国长寿之乡。

　　耕读文化扬美名。楠溪江中游渠口村前垟坎头遗址与河姆渡文化属于同一时期，是瓯越

先民最早的文明遗迹。耕读文化发达，楠溪江流域分布29个传统古村落、2382处古建筑，数量居全省前列，枫林镇、岩头镇分别入选省级、国家级历史文化名镇。岩头镇芙蓉村是最具代表性的古村落之一，以"七星八斗"的寓意规划兴建。"永嘉四灵"、永嘉昆曲在此余韵流转。

林坑古村

山水秀美宜居游。永嘉是全国休闲农业和乡村旅游示范县，连续3年获评全国县域旅游综合实力百强县。三百里楠溪江，以"水秀、岩奇、瀑多、村古、滩林美"著称，是国家重点风景名胜区和4A级旅游景区。楠溪江中上游常年保持国家Ⅰ、Ⅱ类水质，全县森林覆盖率达78.52%，空气质量优良率达99.7%。

改革创新敢为先。1930年，中国工农红军第十三军建立于永嘉，是当时被中央军委正式列入序列的全国14支红军队伍之一。改革开放初期，创建全国第一个专业小商品批发市场——桥头纽扣市场。现拥有中国泵阀之乡、中国纽扣之都等9张"国字号"金名片，被列入全国县域经济综合竞争力、"两山"发展、投资潜力和创新百强县。

当前，永嘉锚定"拥江融入、产城融合"目标，推进工业强县、城市蝶变、全域旅游发展战略，全力争创社会主义现代化先行县。

楠溪江狮子岩

北城街道

2011年设立街道。永嘉县人民政府驻地，总面积67.57平方千米，下辖23个行政村，常住人口约2.84万人。

· 国家级生态街道
· 省级生态街道
· 市级文明单位

正门山遗址： 位于中后村正门山，属新石器时代晚期。系县第一批文保单位。

杭岭采菱节： 菱角种植面积200亩，总产量30万斤。每年举行采菱节，开展黄菱王评比、特色农副产品菱角展示展销、田间采菱趣味体验等活动。

永嘉药谷： 充分发挥街道区位、生态、资源优势，对接大型药企，以"公司＋合作社＋基地＋农户"模式打造千亩中草药基地。

北城街道

戈田探梅谷

2011 年设立街道。总面积 100.93 平方千米，下辖 3 个社区和 23 个
行政村，常住人口约 3.45 万人。

· 国家级卫生县城
· 国家级生态街道
· 省级体育强镇（街道）
· 省文明县城

永嘉县革命历史纪念馆： 永嘉是老革命根据地县，是中国工农红
军第十三军的策源地。纪念馆位于屿山之巅。系省级爱国主义教育基
地、省级国防教育基地、省级党史教育基地。

宝胜寺： 始建于唐咸通五年（864），位于绿嶂山下。陕西西安慈
恩寺所存《全国名刹录》中录有温州宝胜禅寺，与宿觉禅寺、净光禅
寺等齐名。

绿嶂山： 括苍山余脉，是徒步健身、登高远眺的好去处，因谢灵
运《登永嘉绿嶂山》诗而闻名。

陡门景区： 楠溪江风景区之一，景区以峰奇、洞幽、水秀、村古
为特色。其中陡门溪龙井景观属国内罕见火山岩岩臼地貌。

番薯枣： 永嘉特色小吃，番薯制成品，既可充当蜜饯，又是很好
的干粮。

东城街道

诗画楠溪　耕读永嘉 ——

街道全貌

南城街道

2011 年设立街道。总面积 65.14 平方千米，下辖 9 个社区和 14 个行政村，常住人口 7.19 万人。

· 省文明街道
· 省级生态街道
· 省体育强镇（街道）

陈百川：1863—1941 年，武进士，曾任温州水师总督，参加过辛亥革命，是温州早期民族企业家。其次子陈仲雷曾任中共温州独立党支部第二任书记。

叶适梅林：该处有永嘉学派集大成者叶适藏书楼、梅园遗址，叶适在此地留有梅花诗两首。

麻谷古道：始建于唐天宝三年（744）。据传由天台宗幽溪派第十七代成初祖师率僧徒开山造路，距今 1200 多年。

净心寺：始建于唐文德元年（888），位于栗树樟村，原名净刹寺。

九峰禅寺：明时有道家在此结庐，取名冷水观，清宣统二年 (1910) 改名九峰寺。位于李观村，背依九峰山，面朝楠溪江。

相传是东瓯国都城所在地，2016 年设立街道。总面积 40.25 平方千米，下辖 27 个社区，常住人口约 21.54 万人。

罗浮双塔：始建于西晋元康五年（295），宋元丰七年（1084）重建，现塔为明代所建。位于龟、蛇二山之巅，双塔形式和结构大致相似，保存完整，是温州最早的古塔。

白水漈瀑布：位于白水社区，瀑布从 60 多米高的崖巅一分为二，喷淋而下。朱自清曾游历此地作文《白水漈》。

泵阀产业：永嘉县第一大支柱产业，入选国家中小企业特色产业集群，是全省细分行业中小企业数字化改造试点，2022 年总产值达 137.99 亿元。

品牌集聚：获中国驰名商标 6 枚，省著名商标 39 枚，是温州市品牌建设的重要板块。

经济开发区：2022 年实现财政收入 20.19 亿元，规上工业总产值 237.7 亿元，限额以上固定资产投资 65.6 亿元，是永嘉经济发展的核心力量。

瓯北街道

· 全国知名品牌创建示范区
· 中国泵阀之乡
· 中国男鞋生产基地
· 省级经济开发区

瓯北街道

绿城公园

东蒙山森林公园

2011 年设立街道。总面积 79.76 平方千米，下辖 6 个社区和 17 个行政村，常住人口 4.84 万人。

· 中国乌牛早茶之乡
· 省 3A 级景区镇
· 省森林城镇

古象浦驿： 位于码道村东永乐河畔，唐宋著名驿站，孟浩然曾宿此，并留下诗篇。

东蒙山森林公园： 东蒙山俗称乌牛纂，是浙南旅游胜地，山上多古代摩崖题刻和碑刻，谢灵运、徐霞客等曾留下足迹。

岭下工业园区： 2017 年底正式开发建设，总面积约 2000 亩，目前竣工投产产业项目 8 个，总投资 27 亿元。

乌牛早茶产业： 永嘉县农业支柱产业，茶园面积 12375 亩，正常年茶青产量约 170 吨，产值超 1 亿元。

乌牛街道

黄田街道

2011 年设立街道。总面积 33.09 平方千米，下辖 14 个村社，常住人口 3.72 万人。

- 中国五金饰扣之都
- 省级文化建设示范街道
- 省枫桥式退伍军人服务站

王允初： 1154—1214 年，南宋淳熙八年 (1181) 进士。开禧二年 (1206) 冬，任湖北德安府通判，此时金兵南下荆湖，他率 7000 余士兵浴血奋战 108 天，击退了 10 万金兵，史称"德安保卫战"。

王致远： 1193—1257 年，王允初之子，著有《开禧德安守城录》一书，著名教育家、永嘉书院创始人。他主持刻制的天文图、地理图、帝王绍运图是江苏省博物馆的镇馆之宝。

石门寺遗址： 位于东联村，谢灵运曾多次游历此地，并留下《夜宿石门》《登石门最高峰》等诗。

五金产业： 五金产品 20 多万种，有大小知名企业及众多的家庭作坊 1000 余家，年产值可达 60 亿元。

三江街道

2011 年设立街道。总面积 60.19 平方千米，下辖 11 个社区和 3 个行政村，常住人口 2.91 万人。

· 中国乌牛早之乡
· 省非物质文化遗产旅游景区

瓯窑小镇

坦头窑遗址：位于龙下村东南处的山坡上，是唐代瓯窑遗址。遗址发掘面积 950 平方米，存有作坊遗迹、祭祀遗迹，出土大量高质量青瓷器、各种类型窑具。系全国文保单位。

瓯窑小镇：融瓯窑文化、众创空间、休闲旅游为一体的文化风情小镇。系中国乡村旅游创客示范基地、省非遗旅游景区、首批浙江文化标识培育项目、省文化创意街区。

胜美尖：雁荡山的余脉挂彩山的主峰，海拔 593 米，位于梅园村东北，南宋状元、著名政治家王十朋曾在山中妙有寺读书。

生态立体城：坐落于瓯越大桥北端，交通便利。规划建成集金融办公、住宅、医疗产业、立体农业、现代信息产业、特色商业服务业及金融配套产业于一体的低碳生态之城。

晋鸡首壶

1981 年设镇。总面积 90.86 平方千米，下辖 2 个社区和 31 个行政村，常住人口 6.67 万人。

- 中国纽扣之都
- 中国拉链之乡
- 全国发展改革试点镇
- 全国重点镇
- 国家卫生镇

桥头纽扣市场：创办于 1983 年，是中国农村第一个专业小商品批发市场、全国纽扣交易中心和纽扣集散地，被誉为东方的"布鲁塞尔"。

永嘉县拉链商会：1992 年成立，全国第一家拉链商会。

服装辅料产业：形成以纽扣、拉链为龙头，上下游产品及各类配件齐全的服装辅料产业集群，是全国最大的服装辅料产销基地。

菇溪河综合治理工程：总投资 22.1 亿元，民间捐资超 6000 万元，创全省小流域治理民间捐资最高纪录。系全省"五水共治"典范。

溪心羊肉：温州老字号，经 12 道工序制作而成。

桥头镇

桥下镇全貌

1985 年设镇。总面积 152.28 平方千米，下辖 5 个社区和 38 个行政村，常住人口 6.59 万人。

· 中国教玩具之都
· 国家级玩具产品质量提升示范区
· 全国千强镇
· 中国兰花名镇
· 省级特色小镇

"二刘"先生：指刘氏兄弟——刘安节 (1068—1116)、刘安上 (1069—1128)。北宋"永嘉元丰九先生"成员，进士、学者、名臣。

千年古埠：始于南宋，后称"韩埠"，位于西溪下游，曾是永嘉西部、台州仙居、丽水缙云等地到温州的必经之路，码头繁忙、商业繁荣，有"千年古埠"美誉。

中国教玩具国际城：全国体量最大、功能最全的教玩具专业市场，获评省级版权示范园区（基地），中玩协永久培训基地和亚洲幼教年会永久会址。

中国兰花名镇：永嘉县作为瓯江寒兰原产地，被誉为"寒兰之乡"，桥下兰花基地数量占全县 3/4，兰花品种 300 多个，获各级金奖 13 个。

桥下镇

中国教玩具国际城

1949 年设镇。总面积 223.34 平方千米，下辖 3 个社区和 43 个行政村，常住人口 5.3 万人。

· 中国历史文化名镇
· 国家级生态镇
· 全国乡村旅游重点镇
· 美丽中国首选旅游目的地
· 省级美丽乡村示范乡镇

丽水街

芙蓉古村：始建于唐末，其西南面山上有三座高崖石形似芙蓉而得名。古村的"七星八斗"布局是南宋时设计，至今基本保持原有建筑风格。系全国文保单位、中国传统村落、中国景观村落、全国乡村旅游重点村。

苍坡古村：始建于五代后周，其布局理念源自文房四宝。系中国传统村落、中国景观村落、全国乡村旅游重点村、首批省级历史文化保护街村。

丽水古街：始于明嘉靖年间，国家级历史文化街区，街面铺设鹅卵石，整体呈弧形，总长 300 米，依水而建，有 90 多间二层结构的店铺。民国初年瓯江北部最大的私盐贩卖集散地。

金昭牌坊：明嘉靖四十四年（1565）金昭中进士后由明神宗敕建，史称"进士牌坊"。牌坊为六柱三开间木构建筑，高 7.63 米。系全国文保单位。

红十三军军部旧址：位于红星社区（原五尰村），1930 年 5 月 9 日，成立中国工农红军第十三军。旧址南侧有红十三军纪念碑，高 10 米，张爱萍将军题字。

太平岩

沙头镇

1986年设镇。总面积185.20平方千米，下辖4个社区和36个行政村，常住人口4.1万人。

· 全国普法工作先进单位
· 省教育强镇
· 省文化强镇
· 省卫生乡镇
· 省美丽乡村示范乡镇

宪台牌坊：建于明弘治年间，南北走向，抬梁式木构架，悬山式屋顶。系全国文保单位。

"溪山第一"牌楼：建于明正德年间（1519），插拱式木构建筑，为纪念当地名儒朱墨疃而建。

阳岙朱宅：建于民国七年（1918），是温州早期电力商人朱翼周私宅。宅院坐西朝东，占地面积1557平方米，整体为中西交融风格的二层建筑。系省级文保单位。

永嘉书院：永嘉旅游名胜，位于国家4A级楠溪江风景区核心区域。集观光旅游、休闲度假、艺术交流、教育培训为一体，占地5000亩。系省重点文化园区。

太平岩：楠溪江著名景点，位于渔田村，前临清江，后依绝壁。岩上有胡公殿，始建于明朝天启年间（1621—1627）。

永嘉麦饼：相传源于花坦，已有1000多年历史，其制作工艺于2023年1月入选第六批省非遗代表性项目名录。

徐定超: 1845—1918年，曾任京畿道监察御史，温州军政分府都督，近代旧民主主义革命先驱。徐定超故居为省级文保单位。

八房宗祠: 建于明朝前期，位于八房路。为纪念徐文辉而建，徐文辉（1333—1396）出身于武术世家，曾率乡兵戍守乐清蒲岐以防倭寇。该祠占地约600平方米，是枫林最为古老的木石建筑。系省级文保单位。

明圣旨门: 建于明成化二十年（1484），位于圣旨门街，明宪宗为表彰枫林乡贤徐尹沛的尚义精神赐建。系省级文保单位。

镬炉村: 村内有铁器铸造、布袋龙舞两项市级非物质文化遗产。浙江省第二批未来乡村建设试点村。

沙岗粉干: 永嘉县知名土特产。枫林镇西北的新坊、镬炉、兆潭、东岸庄、徐家湾等村庄统称沙岗，这里农户在宋代就以制作粉干为副业。系市级非遗项目。

始建于北宋崇宁五年（1106），清乾隆年间称镇。1992年，孤山乡、西岸乡楠溪江东部所属村并入枫林镇。总面积75.58平方千米，下辖4个社区和16个行政村，常住人口2.53万人。

· 国家级卫生镇
· 中华诗词之乡
· 省级历史文化名镇
· 省美丽城镇
· 省森林城镇

徐定超故居

枫林镇

舴艋舟

岩坦镇

1986年设镇。总面积470.77平方千米，下辖48个行政村，常住人口2.87万人。

· 国家级生态镇
· 省革命老区镇
· 省美丽乡村示范乡镇
· 省森林城镇

汪应辰：1118—1176年，宋代政治家、文学家、理学家、散文家、诗人。绍兴五年（1135）中状元，是中国历史上最年轻状元，官至吏部尚书。原籍江西，晚年隐居屿北，是屿北汪氏肇始之祖。

戴蒙书院：位于溪口村，楠溪江流域最早的书院之一。南宋理学家戴蒙与文字学家戴侗父子创办，因宋光宗赐书匾"明文"旌表戴氏故里，又称"明文书院"。

屿北古村：始建于唐代，村庄布局具莲花形状。系中国传统村落、中国历史文化名村、中国景观村落。

林坑古村：始建于明代，楠溪江保存最完整的浙南山地民居。系中国传统村落、国家级美丽宜居示范村。

1992 年设镇。总面积 88.08 平方千米，下辖 1 个社区和 21 个行政村，常住人口约 1.48 万人。

· 国家级优美乡镇
· 省 5A 级景区镇
· 省美丽城镇文旅型样板
· 省气候康养乡村
· 省园林城镇

埭头古村：建于元代后期，距今已有 700 多年历史，古称埭川或埭谷。系中国景观村落、中国生态村、中国最美休闲古村落。

陶公洞：被誉为"天下第十二福地"，是浙南最大天然石室，为纪念南朝陶弘景隐居而得名。

十二峰：距陶公洞 2 公里，由流纹岩演化形成的一组山峰，宝冠峰为最高峰，海拔 517 米，天柱峰一柱擎天，蔚为壮观。

崖下库：李大屋村西北面，有一涧长 1500 余米，宽 10 余米，两侧陡壁高 300 余米，仅露一线蓝天，壁上悬瀑三级，以含羞瀑最佳。

大若岩镇

永嘉郡祠

1949 年设镇。总面积 172.80 平方千米，下辖 2 个社区和 24 个行政村，常住人口 2.35 万人。

· 国家级早香柚之乡
· 省级生态镇
· 省教育强镇
· 省体育强镇
· 省森林城镇

永嘉郡祠：始建于元至正二十七年（1367），原为明开国功臣刘基世祖祠堂。明洪武元年 (1368) 敕封刘基上三代为"永嘉郡公"后得名。系全国文保单位。

应界坑乱弹：始于清乾隆年间，流行于浙南、闽北。中国戏曲家协会会长曾献平以"古、原、稀、美"四字予以评价。

邵园古堤：始建于清康熙年间，民国年间加固加长，堤长 2.2 千米、底宽 6 米，局部达到 11 米，全段由蛮石堆砌而成，是温州目前保存最完整、最长的古坝。

古缸窑：始于清康熙年间，位于缸窑村，利用当地陶土，以古法烧制而闻名。窑体依山而建，宛如龙卧，人称"龙窑"。

温州城市名片

1986 年设镇。总面积 180.86 平方千米，下辖 2 个社区和 25 个行政村，常住人口 2.11 万人。

· 国家级卫生镇
· 省园林城镇
· 省级生态镇
· 省级文明强镇
· 省级传统戏剧特色镇

小溪乱弹：小溪是永嘉乱弹的发祥地之一，始于清乾隆年间。清末民初，董光楷（1901—1960）承继"大吉庆"，开办"胜春班"，确立了永嘉乱弹小溪班的历史地位。

黄檀溪水利风景区：景区总面积 46.55 平方千米，其中水域面积约 4.17 平方千米，包含金溪湖、金溪水电站、石斑岩森林公园、小溪民俗文化村等代表性景点。系国家级水利风景区。

石斑岩森林公园：森林覆盖率达 90%，石斑岩三面凌空绝壁，东高西低，有"船岩"之称。系市级森林公园。

沙埠索面：沙埠村制作索面历史悠久，制作工序精到，口感独特。系省级"消薄"示范项目，被列入"温州旅游伴手礼"榜单。

巽宅烤鹅：制作工艺别出心裁，将肉质肥美的鹅处理干净，放到秘制卤料汤中炖煮后，再用大米等材料熏制，成品色泽金黄、肉味鲜美。

巽宅镇

鹤盛镇

石桅岩

2011 年设镇。总面积 182.97 平方千米，下辖 23 个行政村，常住人口 2.21 万人。

· 国家级生态镇
· 国家级卫生镇
· 中国老年宜居名镇
· 省级旅游强镇
· 省美丽乡村示范乡镇

鹤阳村：中国山水诗鼻祖谢灵运后裔聚居地，现存谢氏家族诗词 400 余首。系中华诗词之村。

石桅岩：位于下岙村。三面涧水环绕，一峰拔水而起，相对高度 306 米，形如船桅，造型独特，姿态雄奇，素有"浙南天柱"之誉。

龙湾潭国家森林公园：世界珍稀植物雁荡润楠的保存地，野生动物、天然药材资源丰富，被誉为"浙南天然药王国"。公园内有"七折瀑"，七潭七瀑相连，蔚为壮观。

岩上村：位于石桅岩和龙湾潭两大核心景区入口处。系省 3A 级景区村庄、省第一批未来乡村建设试点村、市级示范性民宿集聚村。

上日川"国际艺术村"：探索"艺术 + 农业 + 旅游"的模式，在村内建有系列艺术场馆，吸引艺术家回乡创作，打造共同富裕幸福村社，助力乡村振兴。

岭上人家：位于罗川村，始建于明代，素有"天然氧吧"之称。2005 年推出"烤全羊"特色菜。近年来，每年接待游客 130 余万人次，年营收超 1.5 亿元，是全省闻名的"烤全羊村"。

西炉红柿

2016年设镇。总面积82.75平方千米，下辖22个行政村，常住人口1.78万人。

· 国家卫生镇
· 省体育强镇
· 省美丽乡村示范乡镇

金溪镇

吴超征：1905—1933年，黄埔军校第三期步科毕业，少校团副、代营长。1933年日军进攻长城，吴超征在八道楼子战斗中英勇杀敌，壮烈牺牲。

尚书故里：两宋时期，吴宅村一门四代共有八位进士。其中吴表臣官至吏部尚书，因此得名"尚书故里"。

㳇㳇卜新屋南拳：浙南南拳重要拳种，2009年被列入第三批省级非物质文化遗产名录。

弹棉业：20世纪六七十年代，每年金溪有上万人外出弹棉，目前仍有上万人在外从事棉业经营，年产值逾100亿元。

上湖枇杷：金溪已有800多年的枇杷栽培、种植历史，"枇杷经济"已成为当地产业发展、助农增收的"金钥匙"。

云岭乡

2016 年设乡。平均海拔 500 米以上，总面积 94.41 平方千米，下辖 11 个行政村，常住人口约 0.67 万人。

· 省级旅游度假区
· 省级山地休闲度假发展试点单位
· 省级农村产业融合发展示范园
· 省森林城镇
· 省卫生乡镇

浙南木铎：位于中源村，是《温州日报》的前身——《浙南周报》（括苍版）创刊地、括苍地区游击队胜利会师地。

山地温泉：地处楠溪江和雁荡山两大国家级旅游区辐射圈，是全省海拔最高的高山优质温泉，依托于此建有永嘉云岭山地温泉旅游度假区。

南陈村：山地温泉所在地。系省未来乡村创建村、省慢生活休闲旅游示范村。

万亩茶园：平均海拔 800 米，有高山茶 2000 余亩，高山油茶 6000 余亩。系省级无公害农产品产地。

豆腐糟：当地特色美食，将盐卤豆腐捏碎，与本地猪三层肉肉末拌匀，用小火慢熬制成，兼具肉香和豆腐香。

云岭乡

1949年设乡。总面积40.82平方千米，下辖14个行政村，常住人口0.72万人。

胡氏小宗：建于明朝末年，位于茗岙乡沿溪路。建筑总占地550平方米，主体由门屋、戏台、侧廊、天井、享堂组成，是楠溪江古村落群的缩影。系省级文保单位。

84村农民大暴动聚集地纪念馆：1929年11月，在中共领导下，永嘉84村农民武装大暴动。纪念馆位于茗下村陈氏祠堂，是大暴动聚集地旧址。系市党史学习教育基地。

茗岙梯田：面积9000多亩，通过开犁节、油菜花节等节庆活动，成功打造生态观光农业和中国摄影家协会梯田摄影创作基地。

茗岙三宝：田鱼、茶叶、番薯枣。三国吴章武元年（221）就已在稻田养鱼，茶叶多次在全国、省级名茶评比活动中获得金奖，番薯枣为永嘉县特色小吃。

茗岙乡

溪下乡

2011年区划调整时并入岩坦镇，2016年重新设乡。总面积109.47平方千米，下辖9个行政村，常住人口0.36万人。

· 省传统戏剧之乡
· 省卫生乡镇
· 省森林城镇
· 省革命老区乡镇（街道）

马灯戏

魔芋基地

黄皮寺： 始建于北宋，又名广福寺。现存建筑属晚清，建筑面积4000平方米，为浙南红军游击总指挥部成立旧址。

马灯戏： 清末由安徽传入。1909年，村里成功举办了首次马灯戏演出，至此溪下马灯戏得以传承。系省级非遗项目。

陈坑村： 永嘉古树名木最多村落之一，村内有建于清代的三官亭，为抬梁穿斗式木构建筑。系省传统村落。

大青冈： 楠溪江源头发源地，海拔1272米，是永嘉第一高峰。

坑口古村

清时属清通乡四十六都，又名"夹坑"，民国时称界坑乡至今。总面积 80.27 平方千米，下辖 9 个行政村，常住人口 0.49 万人。

· 中国最美宜居幸福小镇
· 国家卫生乡
· 省美丽乡村示范乡镇
· 省级小城镇环境综合整治样板乡
· 省 3A 级景区乡

界坑乡

盐商驿站：界坑乡自古为商贩云集之地，被称为盐商驿站。牛草鞋、草毡、蓑衣、花带等编制技艺为四大非物质文化遗产。

上董七夕庙会：民间"陈十四娘娘"信俗活动，包含戏曲表演、祈福活动、美食品尝等形式。系市级非遗项目。

坑口古村：村内保留有 700 多年历史的麻氏祠堂以及晚清民居。系中国景观村落、省传统村落、省 3A 景区村庄。

千亩桃园：种植水蜜桃、黄桃、白桃、油桃等品种桃树 15000 株，年产值 900 余万元。

8

伯温故里
侨乡文成

　　文成县位于飞云江上游，1946 年从瑞安、泰顺、青田等县析置，是明朝开国元勋刘基（字伯温）的诞生地，以刘基谥号"文成"命名。面积 1292.16 平方千米。辖 12 个镇、5 个乡，常住人口 29.03 万人，2022 年地区生产总值 126.55 亿元。

　　这里生态山清水秀。文成"八山一水一分田"，有"天下第六福地"之誉。森林覆盖率达 72.4%，空气质量优于国家一级标准，飞云江水质排名全省八大水系之首，是温州 700 万

百丈漈

刘基庙

文成县城

人民的"大水缸"。有"中国长寿之乡""气候养生福地"之誉。旅游资源得天独厚，拥有国家5A级旅游景区刘伯温故里，是浙江省首个"国际慢城"，被列入省十大生态旅游名城、省级旅游经济强县。

这里文化多元融合。安福寺、栖真寺、净慧寺三大千年古刹享誉浙南。元末明初杰出的政治家、文学家和思想家刘基"学为帝师，才称王佐"，其智慧与事迹在中国、日本、韩国等国乃至东南亚地区流传，"刘伯温传说""太公祭"入选国家级非遗代表性项目名录。文成是浙江省革命老根据地县、全国一类革命老区县，红色文化根深叶茂；是著名侨乡，16.8万华侨分布在世界70个国家和地区，1600多名文成籍侨胞担任华侨社团副会长以上职务，被誉为"侨领之乡"。

今日文成，全域旅游升级蝶变，生态工业扩容提质，樟山新区快马加鞭，获评国家第五批"绿水青山就是金山银山"实践创新基地，建成全国首个涉侨海外服务中心和实体境外分中心。文成将扬生态文旅优势，畅"两山"转化通道，全力打造共同富裕示范区的山区样板。

大峃镇

大峃镇

因地形似展翅待飞的白鹤，故名"大鹤"，后改谐方言音"大峃"。总面积125.3平方千米，下辖35个行政村和14个社区，常住人口9.62万人。

· 国家重点镇
· 国家级生态镇
· 国家卫生县城
· 省级重点生态功能区小城市培育试点镇
· 省示范文明县城

赵超构： 1910—1992年，笔名林放，我国著名新闻记者、杂文家、社会活动家。撰写《延安一月》，曾先后七次受到毛泽东主席接见。赵超构新闻奖是中国晚报界的最高奖项。

红枫古道： 大峃境内有18条红枫古道，其中最著名的大会岭道全长约10里，共有4300余级。系省级文保单位。

七甲寺： 始建于唐元和十五年（820），又名净慧禅寺。属浙南罕见名山古刹，因地处旧属五十一都，第七甲玉泉山，观者皆称其地尽得江山佳气，誉为九龙法界。

白云庵： 始建于元代，后几经毁坏重建，位于云峰山悬崖绝壁上，当地人叫"岩庵"。周边有青云梯、十八拐等景观。

千秋塔： 建于1993年，位于寨山顶，为当代新修风光塔，由当地爱国华侨胡奶荪捐资建造。沿着泗溪河畔，千秋塔在夕阳余晖里倒映在水中，形成最具有大峃特色的"湖光塔影"风景，系大峃的人文地标。

龙川索面： 文成特色美食，又称"长寿面"，是产妇月子里必备的传统食品之一。经10多道工序精制而成，制作技艺被列为市级非遗项目。

以原周南乡、大壤乡名各取一字组名。总面积 31 平方千米，下辖 10
个行政村，常住人口 1.52 万人。

- 国家卫生镇
- 省美丽城镇
- 省美丽乡村示范乡镇
- 省级生态乡镇
- 省森林城镇

陈茂烈： 1459—1516 年，大坑村人，字时周，号如宾，追谥"恭清"，
明代进士。历官吉安府推官、河南道监察御史等职。以孝廉闻名于世，
人称"孝廉先生"。

周墩古村： 周墩胡姓在五代时期从福建铁岭迁居胡岙，至今已有
千年之久。村中保留有多处重点文物保护点，如周墩圣母宫、放鹤禅
寺、古树群等。

文昌阁： 始建于民国六年（1917），民国十四年（1925）重建。
坐南朝北，为木构建筑，共四层。曾被誉为文成十景之一。

安定桥： 位于周墩村水口，俗称湖岙桥，系单孔石拱木廊式平桥，
拱桥呈"弓"形，始建于清康熙五十八年（1719），道光二年（1822）
重修，1980 年进行修整，2007 年重建。

周壤镇

珊溪水库

珊溪镇

初属瑞安五十五都，因溪岸多杉树，谐音得名珊溪。总面积124.08 平方千米，下辖 22 个行政村（居），常住人口 2.53 万人。

珊溪革命历史纪念馆（刘英纪念馆）： 位于飞云江边百万山上，建于 1996 年。展示了以刘英、粟裕为首的红军挺进师在浙西南的革命斗争史。系省爱国主义教育基地、市红色旅游胜地。

孝文化： 街头村孝文化历史悠久，一直流传"孝顺父母自有福，孝顺田头割有谷""瓦檐水点点滴"等谚语。自 1992 年开展"孝顺子孙"评选，历时 31 年从未间断，街头村的孝文化正影响着温州及周边地区的家风、民风和社风。

鲤鱼山遗址： 位于飞云江南岸，三面临水，顶平坡缓，状似鲤鱼。海拔 30 余米，遗址分布面积约 6000 平方米。曾出土有石斧、石锛、石镞等文物，为新石器时代晚期人类聚居地遗址。系文成县文保单位。

碗岗山窑址： 位于坦岐村后山。盛于南宋至元初，所制瓷器胎质细腻坚硬，釉质润厚，晶莹透亮。遗址沿山分布，面积较大，残瓷剩片俯拾皆是。系文成县文保单位。

坦岐炼铁厂旧址： 现存建筑占地面积约 78 平方米，完整地保留了大炼钢铁时期的历史场景。系省级文保单位。

珊溪水库： 中国第二高坝，温州地区最大水库，总库容 18.24亿立方米，年发电量 3.55 亿千瓦时，被誉为"温州人民的大水缸"，确保温州 700 万人民生活用水。

1992年由东垟、孔龙、花前、黄龙4乡合并后设立。总面积56平方千米，下辖14个行政村，常住人口1.38万人。

龟背山遗址： 主要分布在潘岙村龟背山山背，面积约5000平方米。根据出土器物及印纹陶片分析，该遗址年代应在新石器时代晚期。系文成县文保单位。

包龙潭： 因潭壁口穹腹鼓，出口弯似半月而闻名，清人有诗云："素练几寻悬峭壁，明珠万斛撒重渊。"永安桥横跨于此潭之上，横联拱券单孔石拱桥，矢高12米，净跨26米，为浙南单孔石桥之最。

云居寺： 始建于1005年，位于飞云江中游以北，背靠白云山，三面绿树环绕。原名云居庵，于1336年赐封为云居院，后于1891年十方信士见院处地方开阔，环境优雅，历来香火兴旺，便改名云居寺。周边有仙洞凉根、金刚瀑布、八角山梯田等景观。

方前来料加工一条街： 包含鞋帮、服装、电器等加工厂13家，有效推动了下山搬迁群众、低收入农户、残疾人士等群体3000余人就业增收。

白鹭洲水经济产业园： 用生态优势引来优质项目娃哈哈、coco蜜、好记忆等"水制品"饮料企业入驻，促进农民增收共富，推动"绿水青山就是金山银山"在文成的生动实践。

白鹭洲水经济产业园

玉壶镇

2011 年由"一镇四乡"撤并后建立。北与丽水市青田县相连，总面积 182.11 平方千米，下辖 29 个行政村，常住人口 4.62 万人。

· 国家级生态镇
· 全国文明镇
· 省级小城镇环境综合整治样板镇
· 省级新时代美丽城镇样板
· 省 4A 级景区镇

国际慢城：中国第五个、浙江省首个"国际慢城"。打造欧式风情商业街、传统文化芝水街、咖啡休闲沿溪街三大街区，集购物、观光、休闲、展示、体验于一体的综合性商贸街区。

侨领之乡：旅外侨胞达 6.8 万余人，分布在 50 多个国家和地区，其中担任各类侨团副会长以上职务的玉壶籍华侨超千人。

李山书：著于 1918 年，又名《簿记适用》，全书共 35 篇，是带有鲜明乡土色彩和时代色彩的小百科全书，被誉为中国浙南闽北的"三字经"。

玉壶中美合作所旧址：目前遗存始建于清代的教导营驻地和学员宿舍旧址两个单体。抗日战争期间，是中美特种技术合作所第八训练营的所在地。

侨乡玉壶

清宣统元年（1909）始称南田乡，1985年改为建制镇。北与丽水青田相连，总面积162平方千米，下辖21个行政村，常住人口2.37万人。

· 国家级生态镇
· 省4A级景区镇
· 省级旅游风情小镇
· 省文化强镇
· 省级美丽城镇建设样板

太公祭

刘基： 1311—1375年，字伯温，军事家、政治家、文学家，"明初诗文三大家"之一，明朝开国元勋，被称为"立德、立功、立言"三不朽伟人。至正二十年（1360）应邀出山，辅佐朱元璋开创明朝，封诚意伯。正德八年（1513）追赠太师，谥号文成。嘉靖十年（1531）入明太庙，顺治二年（1645）入历代帝王庙。

刘基庙（墓）： 刘基墓建于明洪武八年（1375），位于西湖村；刘基庙敕建于明天顺二年（1458），位于九都村，历代拜谒、题咏名人甚多，是刘伯温故里5A景区的核心版块。系全国文保单位。

刘基故居： 位于武阳村，刘基祖宅，为其出生地、寿终地。现存刘基48岁弃官归隐后修建房舍碑志、马槽、石臼、石磨等用物。附近有武阳书院、七星落垟、天葬坟、武阳堂等文物景观。武阳村已发展成为"侨家乐"民宿集聚村，拥有省级白金宿1家、银宿2家，被评为省3A级景区村庄、省首批未来乡村等。

太公祭： 以刘基为对象的家族及地方先贤祭祀礼仪习俗，分农历正月初一、六月十五春秋二祭，从明代延续至今。系国家级非遗项目。

刘伯温传说： 关于刘基的传统民间口头文学，以浙南地区为核心流传地，并流布浙东，辐射全国。系国家级非遗项目。

伯温家宴： 刘基后裔在"太公祭"后而设的家庭筵席宴会。汇聚刘伯温故里的高山蔬菜、家禽等食材，伯温烧饼、伯温贡兔、刘府鱼头等为其中具有代表性的菜肴。获"诗画浙江百县千碗"美食展金奖。

百丈漈镇

因境内百丈漈飞瀑得名。总面积43.55平方千米，下辖10个行政村，常住人口1.01万人。

- 国家卫生镇
- 国家级生态镇
- 省级美丽城镇标杆镇
- 省级美丽乡村建设示范乡镇
- 省级小城镇综合整治示范镇

百丈漈镇

百丈漈风景名胜区：刘伯温故里5A级景区的核心景区，素有"头漈百丈高，二漈百丈宽，三漈百丈深"的美传。三级瀑布高度合计272米，约为鲁班尺百丈上下，故名百丈漈。

天顶湖：海拔600多米的高山湖泊，面积5.4平方千米，主要景点有鹤台崖、美猴岛、垂钓台、镇西桥、西里奇窟等。

石庄古村：村庄历史可追溯到宋代，面积5.6平方千米，位于高山平台上，常年温度17℃，冬暖夏凉，植被森林覆盖率达75%以上，是宜居宜游的胜地。系省级未来乡村、3A景区村等。自清朝时期起，该村连续出过6名文贡元、1名武贡元，展现了石庄人文殷盛、武德高尚的"林文赵武"独特文化内涵。

天顶湖国际旅游度假区：重点推进国际化休闲旅游目的地，发展生态旅游、运动休闲、高山蔬果等产业，正在创建国家级天顶湖国际旅游度假区。

明清时属青田县九都，2015 年设镇。总面积 45 平方千米，下辖 11 个行政村，常住人口 0.76 万人。

· 国家卫生镇
· 省级特色农业强镇
· 省森林城镇
· 省 3A 级景区镇
· 省级美丽乡村示范乡镇

巡检司遗址： 明洪武三年（1370），刘基奏称设谈阳巡检司，为胡惟庸构陷，帝罢基禄。嘉靖十年（1531），奉敕建谈阳巡检司。清初裁撤。现遗址面积广达数亩，出土物有旗杆夹石 2 对等。

道岭古道： 起于大峃镇吴垟村靘青山岭根脚，终至二源镇呈岭自然村岭头，全程约 5 公里，沿途有古枫 92 株。始建于明代，清、民国时期多次修缮，古代重要交通枢纽。古道尽头有始建于清光绪十六年(1890)的景福堂。系省级文保单位。

白露尝新： 白露前后，割新稻炊饭，祀祖先及社庙，遍奉尊长，谓之尝新。二源白露习俗代表浙南山区物候，与立夏并列，代表"春种""秋收"。2017 年，当地以此首推庆丰收仪式和尝新宴文旅活动，展销高山有机稻米，推广白露保健养生知识。系省级非遗项目。

朱阳九峰： 临近刘伯温故里景区百丈漈景点，总面积 10.18 平方千米。其以九座巨峰为主体，瀑布、碧潭为衬托，景区山峦嵯峨堆叠，形象巧变，冬日冰瀑奇观令人惊叹。

雪梨基地： 当地盛产"翠冠""翠玉"等多品种雪梨，每年梨花盛开时节举办梨花节，开展梨园戏曲体验、游园寻宝、汉服展演等民俗活动。

二源镇黄菊基地

黄坦镇

因该地原有一块形似坛的黄色大石，故名黄坛，为书写方便改为"黄坦"。总面积 195.45 平方千米，下辖 32 个行政村，常住人口 1.77 万人。

· 国家 3A 级旅游景区镇
· 国家卫生乡镇
· 国家级生态镇
· 省森林城镇

黄坦镇

雅梅老街：最早可追溯到唐朝，全长 480 米，是黄坦人所尊崇的"雅梅文化"——崇文尚武、尊师重教的物化展现。

栖真禅寺：始建于唐元和七年（812），位于柿树根"凤凰山"尾。有"舍宅建寺"的故事。遗有《舍基田为栖真寺疏》《栖真寺记》《栖真禅寺砧基序》等文献。

依仁灯柱：位于依仁村，当地俗称"天灯"，由基座、夹杆石、朝天柱组成。点天灯是我国古代的汉族节日风俗，曾经盛行于全国许多地区。该处文保单位为浙江省为数不多的保留完整的灯柱，为研究当地的民风民俗及地方历史提供了实物资料。

稽垟千年古樟：相传于北宋年间种植，胸径 3.75 米，高 25 米，覆盖面积 1068 平方米，枝繁叶茂，为浙南闽北罕见。

黄坦糖：相传在清道光年间开始制作，清代、民国甚盛，销于浙南闽北，素有美誉。

黄坦生态工业园：总面积 6500 亩，集聚针织业、汽摩配智能制造、农产品深加工等一批高新尖制造产业集群。

西坑畲族镇

龙麒源

西坑古称屏石、屏川。总面积45平方千米，下辖8个行政村，常住人口0.84万人。

· 国家卫生镇
· 省级美丽城镇标杆镇
· 省级美丽乡村建设示范乡镇
· 省级小城镇综合整治示范镇
· 省级特色小镇森林氧吧小镇

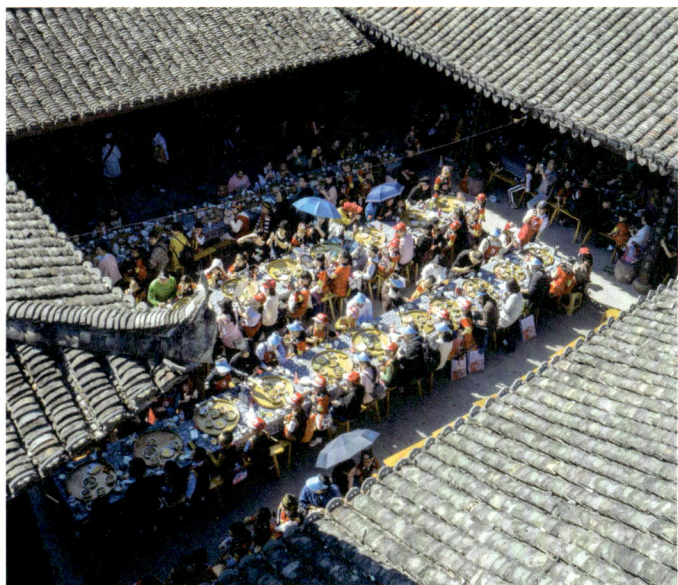

让川长桌宴

安福寺： 始建于唐元和三年（808），2003年批文重建。现建有安福寺主院、利生楼、安福怀老院、佛学院，被称为"东方药师道场"。

龙麒源景区： 位于梧溪村。面积6000多亩，由龙麒山、金碧滩、龙麒峡、飞翠湖等五大部分组成，是文成县保存最完好的生态公益林，亦是山水旅游、休闲探险、地貌原始森林考察的好去处。系国家4A级景区。

梧溪古村落： 南宋末年富弼七世孙富应高从南田泉谷迁居梧溪，村内现存富相国祠、文昌阁、金星启瑞古宅等县级文物保护建筑。富家也是刘基、赵超构外婆家，因而被称为"最牛外婆村"。

让川民族村： 以"天天三月三"概念打造畲家长桌宴特色餐饮，年接待游客达20多万人次。系中国少数民族特色村寨。

鳌里古村落： 村内有红军古道、现存民国遗址南屏小学旧址等红色旅游基地，致力于保护与开发红色文化资源。

铜铃山镇

2015 年 12 月，由石垟乡、下垟乡、岭后乡合并，始置铜铃山镇。西北与丽水景宁接壤，总面积 155.38 平方千米，下辖 8 个行政村、3 个国有场圃，常住人口 0.36 万人。

· 国家卫生乡镇
· 省小城镇环境综合整治样板镇
· 省森林氧吧特色小镇
· 省 5A 级景区镇
· 省美丽城镇

铜铃山国家森林公园

铜铃山国家森林公园：即文成县叶胜林场，公园总面积 40872 亩，森林覆盖率为 98.1%，动植物资源十分丰富，因境内有一巨崖形似"铜铃"而得名。公园由铜铃山峡（4A 级）、小瑶池、铜铃古寨、原始丛林、胜川桃溪五大景区组成，境内山峦叠翠，峡谷幽深，溪流潺潺，空气清新，以"林茂、谷幽、穴奇、湖秀"为特色，其中尤以铜铃山峡谷中经万年激流旋冲而形成的"壶穴奇观"最为著名，享有"华夏一绝"之美誉。

雅庄古民居：始建于清嘉庆八年（1803），位于雅庄村（原下庄村），古村落建筑群保存完整，主要为明清时期四合院。1936 年 10 月，刘英率临时省委机关和挺进师教导团转移到此处并作为省委机关驻地。10 月底，临时省委在村内坳田召开军民联欢大会，参加大会的有附近的群众和挺进师近千人，联欢大会旧址就被称为"红军田"。

石垟林场：省第四大林场，森林覆盖面积超过 96.5%，拥有猴王谷和月老山 2 个 3A 级景区。环境质量优于国家 I 级标准，负氧离子含量高于世界公认标准的 121 倍，是名副其实的天然氧吧、避暑胜地。

岩门大峡谷：奇特的地貌风光为省内罕见，整条峡谷植被葱郁，流水如泉，水潭如仙境瑶池，有"华东第一峡"美誉。

路会习俗：第六批省级非物质文化遗产代表性项目"文成白露习俗"的重要组成部分。下垟村是"路会习俗"保存完好的地区，路会指的是在白露这一天，全村劳力一起劈草修路、吃白露饭的习俗。

峃口梅花岛

明清属瑞安县五十一都。总面积 28.37 平方千米，下辖 6 个行政村，常住人口 0.58 万人。

· 国家级生态镇
· 省森林城镇
· 省级小城镇环境综合整治样板镇
· 省级美丽乡村建设示范乡镇

峃
口
镇

榕抱枫

峃口古镇：古称"鹤口"，是古时商贸往来与军事镇守的一方重镇，现仍保留古城墙、古渡口、龙凤古村、龙凤桥、龙凤井等历史遗迹。

铜矿洞：采矿遗址。1958 年，温州地区成立"二〇三"铜石矿厂就地开采，至 1974 年停工，采得紫铜 2400 余吨。

梅花岛：沿飞云江岸顺势而建，占地91000 平方米，种有 4000 多株梅花，清澈江水与烂漫梅花形成独具特色的网红景点。

榕抱枫：枫树高 10 米，胸围 297 厘米，树龄约 310 年。枫树上有株笔管榕，胸围达 1米，树龄约 50 年。两树紧紧相抱，偎依一起，成独特景观。

桂山田园

龙井瀑

桂山乡

1956年由山垟乡与桂库乡合并而来。总面积26.50平方千米，下辖4个行政村，常住人口0.27万人。

· 国家卫生乡镇
· 省级美丽城镇
· 省3A级景区乡

古鳌源头：此地是鳌江水源的发源地。"四县交界、水流两省""涧流纵出廊桥下，高落鳌江是首源"正是鳌江源流出山的形象写照。

龙井潭：位于三垟村后峡谷内，谷内有三折瀑，出口拐弯处有一个大深潭，瀑布逐级折叠而下，形似盘旋缠绕的龙身，因此得名龙井潭。

千年银杏：北宋年间由毛氏先人毛崇夫所种，被誉为一雌一雄"夫妻树"，两树相邻，相守千年。两树与毛氏族人的"银杏派"有关，与当地村民有着近似亲情的渊源。被列入省市县古树名木保护行列。

黄年糕：当地特色美食，制作技艺独特，以大米为原料，辅以白杜鹃、山茶花等制成，味道比普通年糕更细腻、坚韧。每逢春节、清明节等传统佳节，当地村民都有做年糕的习惯。

双桂梯田

民国二十四年（1935）由桂东乡、桂西乡合并而成。总面积17.50平方千米，下辖4个行政村，常住人口0.4万人。

叶均：1916—1985年，南传佛教著名学者，译著《清净道论》《法句经》《摄阿毗达摩义论》。

净因寺：位于桂东村城底。始建于清道光十五年（1835），民国四年（1915）重建，始称净因寺。总占地面积2500平方米，有大雄宝殿与三圣殿两进，系县文保单位。

双垟包梯田：至今有400多年的历史，总面积857亩，土质硒含量极其丰富，造就双桂富硒大米的美名。

红蜜烧：秋熟时，用优质红曲和糯米为原料，以白酒替水发酵酿成美酒，酒味醇香甜润，待儿女婚嫁或其他喜庆日子开瓮宴客。系市级非遗项目。

乌衣红曲：酿造黄酒的一种特殊曲种。乌衣红曲技艺传承300多年。双桂创立"帝师红曲"品牌，销往浙南、福建、江西等区域，致力于打造中国红曲产业领先品牌。系省级非遗项目。

双桂乡

平和乡

明清及民国初，属瑞安县五十都。总面积22平方千米，下辖6个行政村，常住人口0.35万人。

· 国家卫生乡镇
· 省4A级景区乡
· 省小城镇环境综合整治样板乡镇
· 省美丽乡村示范乡镇
· 省美丽城镇

文成茶乡： 全乡茶园种植面积近5000亩，占全县的1/4。九龙山茶园获评"全国最美三十座茶园"称号，"半天香"茶入选《中国名茶图谱》。

东方古村： 村内有省文保太阴宫、县文保叶继普宅及各古民居，历史人文底蕴深厚。系中国第四批传统村落。

打铁技艺： 平和村下河是文成有名的打铁第一村。本地传承百年的打铁技艺，是南北朝时期綦毋怀文发明的"灌钢法"，但多了一道单面"加生"技艺。系市级非遗项目。

布袋戏： 独特的民间戏曲表演形式，需要表演艺人口、眼、心、手、足并用，一个人就是一台戏，被誉为中国木偶戏的活化石。系市级非遗项目。

九龙山茶园

公阳太极小镇

民国二十四年（1935）由公阳南乡、公阳北乡、悟革 3 乡合并而成。总面积 20 平方千米，下辖 4 个行政村，常住人口 0.24 万人。

· 国家卫生乡镇
· 省 3A 级景区乡
· 省级美丽城镇创建乡村
· 省级水果试验基地
· 省级书法之乡

叶葵：1306—1375 年，元代理学家，不仕。字叔向，号云泉，治阴阳象数之学，尤精《周易》，著有《明辨工程》。卒后学者私谥"继道先生"。

陈步云：1773—1850 年，字世镳，号锦堂，清朝将领。入伍隶水师，数获盗，以勇力称，曾任温州镇把总、千总，温标中营、定海营守备、黄岩左营、定海左营、外海水师游击、玉环营、乍浦营、定海营、温州营、黄岩营参将，道光十四年（1834）晋封武显将军。

叶大密：1888—1973 年，近代著名武术家、中医导引推拿专家和民主革命志士，创办了全国第一家以太极拳命名的武当太极拳。

九星宫：约建于宋末元初。全国著名的道教宗师、授宋光宗皇帝赐号"光复大师"的谢守灏晚年来此宫主持，终老安葬于此。革命斗争时期，刘英、粟裕曾多次率部队在此休整、训练驻扎，现为红军挺进师革命遗址。

利柿节：当地栽培柿树已有上百年历史，柿子以味甜、无核、少水分闻名。村民以柿为媒，以节会友，举办具有地域特色、主题鲜明的节庆活动。

周山畲族乡

马灯舞

周山畲族乡

明清至民国初，属瑞安县五十三都。总面积 14 平方千米，下辖 6 个行政村，常住人口 0.21 万人。

· 国家卫生乡镇
· 国家级生态乡镇
· 省革命老区乡镇（街道）
· 省 3A 级景区乡

养根施宅：建于清咸丰年间（1851—1861），格局规整，保存较好，具有较高的文物价值。系省级文保单位。

养根马灯舞：距今有 100 多年历史，集音乐、舞蹈、武术、杂技等于一体，以走势和列队为主，喜庆热闹，舞姿粗犷。系市级非遗项目。

畲之旅：依托云海奇观、高山日出、山涧瀑布、秀美梯田等自然风光及畲族文化，打造"三月三"风情节、悬崖咖啡、云上餐厅等畲族特色文旅品牌。

彩色稻田：创意农业种植，曾亮相国家博物馆举办的"伟大的变革——庆祝改革开放 40 周年"大型展览。

七安红：产自际下民族村老茶园，海拔 500 多米，淳安鸠坑种，为高山野生红茶品牌，茶叶的茶多酚、氨基酸含量高。

9

浙南红都
山海平阳

　　平阳县地处浙江东南隅，东濒东海，是温州大都市区南部副中心城市。陆域面积1042平方千米，海域面积1300多平方千米，辖14个镇、2个乡，常住人口86.64万人，2022年地区生产总值646.48亿元。

　　山海雄胜，风光秀丽。旅游资源丰富，中国十大最美海岛之一南麂列岛享有"贝藻王国""碧海仙山"的美誉，是世界生物圈保护区。国家级风景名胜区南雁荡山以儒、释、道汇集而闻名。红色资源丰沛，1939年中共浙江省"一

南麂岛大沙岙

鳌江夜景

大"在平阳凤卧召开，1955年浙江全境解放在南麂列岛完成。

历史悠久，人杰地灵。西晋太康四年(283)置县，始称"始阳"，五代后梁乾化四年(914)更名"平阳"，沿用至今。北宋后期，洛学名儒陈经正、陈经邦兄弟创办南雁荡山会文书院，相传朱熹曾在此讲学。平阳名人辈出，有《富春山居图》作者黄公望、数学泰斗苏步青、"百岁棋王"谢侠逊等。民间文化多姿多彩，"平阳木偶戏""温州鼓词""鳌江划大龙"等被列入国家级非遗代表性项目名录。

开放发展，潜力巨大。平阳地处长三角经济圈与海西经济区的重要节点，是浙江省及温州市对台湾地区"三通"最便捷的口岸之一，国务院批准的首批沿海开放县之一。智能装备、新材料、时尚智造三大五百亿产业集群加快打造，有中国塑编生产基地、外贸转型升级基地等多张"国字号"金名片，成功上榜全国综合竞争百强县、工业百强县、创新百强县、投资潜力百强县。

新征程，新使命。平阳将以咬定青山不放松之姿，奋力打造浙南新智造集聚地、鳌江流域新消费引领地、浙南闽北文旅融合示范地、温州枢纽经济先行地、浙江共享幸福标杆地和共同富裕示范区的山区26县标杆。

始建于西晋太康年间，由郭璞选址、规划、营建。总面积89.9平方千米，下辖18个社区和30个行政村，常住人口15.78万人。

· 全国文明镇
· 国家卫生县城
· 省森林城镇
· 省级历史文化名城

坡南历史文化街区

石塘粮仓万亩田园

文明塔：清光绪十年（1884）落成，俗称平塔，又名文笔塔，位于平塔村。是振兴文风的标志建筑，是浙南地区清代仿木结构砖塔的典型代表。系省级文保单位。

温州文人瓷：省内首创，将温州蛋画与古瓯窑相结合的非遗艺术，具有观赏性和实用性统一的特点。

坡南历史文化街区：坡南古街距今1700多年，曾是浙闽水陆交通的必经之路，素有"星恒连北斗，驿路达南闽"的美誉。现存15座古桥和36处历史建筑，被打造为历史文化街区。系省历史文化街区。

珑玥潭景区：位于官岙邸村。以"空中旅游、水上拓展、乡里闲居"为核心吸引力，打造为"高空游、水上乐、特色食、休闲住"等为一体的一站式乡村旅游胜地。

鸣山村：始建于东晋年间，素有"百鸟齐鸣山，塘河第一湾"之称，村落打造了非遗文创街区。

1933年建镇。总面积161.79平方千米，下辖28个社区和59个行政村，常住人口23.33万人。

·联合国开发计划署（UNDP）"可持续发展的中国小城镇"试点镇
·国家卫生镇
·省小城市培育试点镇
·省级金融创新区

百年商埠：被誉为瓯越明珠。鳌江港于1923年开埠，凭此契机鳌江迅速崛起，如今鳌江坐拥平阳动车站，西塘未来社区，银泰、万达综合体，鳌江国际新城等城市新地标。

温州鼓词：始于明代，浙南地区最大的曲艺种类。系国家级非遗项目。

"天下第一"鳌：青铜雕塑，位于鳌江港口公园，由鳌江乡贤曾成钢教授创作而成。

鳌江划大龙：始于明万历年间，是当地渔民为祈求风调雨顺、鱼虾满舱、五谷丰登创造的舞龙民俗文化活动。系国家级非遗项目。

学在鳌江：鳌江镇致力于"办好家门口的好学校"，有着"门类全、规模大、质量好、特色多"的教学体系，教育质量连续多年领跑全县，锻造了温州南部教育高地的金字招牌。

鳌江划大龙

南湖万田园

古称泾口，始称于宋，元末改名为水头。总面积 94.22 平方千米，下辖 8 个社区和 60 个行政村，常住人口 13.16 万人。

· 中国宠物用品出口基地
· 国家外贸转型升级基地
· 国家级出口宠物食品质量安全示范区
· 美丽城镇省级样板镇
· 省创建类特色小镇（平阳宠物小镇）

水头镇

崇文尚武：宋代理学大儒陈经邦、陈经正兄弟开两浙理学之先声。南宋期间镇内文武进士共 92 人，其中有武科状元 3 名、武科探花 2 名。

黄汤之乡：平阳黄汤发祥地。唐代当地就已产茶，宋代温州郡建茶场于平阳，清代该茶是朝廷贡品。目前，黄汤茶采用非遗传承"九烘九闷"古法制茶，堪称"茶中黄金"。

防洪工程：总投资超 16 亿元，是国家江河湖泊治理骨干项目、省"六江固堤"项目、省"百项千亿防洪排涝工程"。

宠物小镇：生产的狗咬胶、牵引带总产量分别占国内市场 65%、95% 以上。系省宠物主题特色小镇。

三大农业精品园：鹤溪杨梅精品园、南湖万亩田园、平阳黄汤茶博园组成"水头游"特色康养品牌，成为乡村振兴重要展示窗口。

萧江镇

1985 年建镇。总面积 36.8 平方千米，下辖 5 个社区和 29 个行政村，常住人口 7.33 万人。

萧振：生卒年不详。宋徽宗政和八年(1118)进士，官至兵部侍郎，以善政、善举著称，《宋史》列传。著有《萧德起文集》20 卷。

鲍辉：1401—1449 年，官至刑科给事中，在"土木之变"中为掩护宋英宗突围而壮烈殉国，著有《金台啸稿》。

萧江鼓楼：始建于明末清初，距今已有 400 多年的历史，坐落在桔坡山顶，2014 年重建。楼内设有古迹遗存、风雅萧江、非遗风采等内容版块。有"中国第一鼓"之称的"萧江大鼓"陈列于楼内第五层。

萧江八景：分别为古渡晨曦、玉峰夕照、白云晚钟、樟井问泉、榕亭残雪、石龟听潮、碑林吊古、石门赏凉。

塑编塑包：全国编织和非织造包装材料及制品重要的生产集聚地，有中国塑料编织第一镇、中国塑编之都的美誉。

鼓楼黄昏

万全镇

宋之才：1090—1166年，理学名家，大宋贤才，被史学界称为宋代杰出的外交家。

黄溯初：1883—1945年，近代民族实业家、教育家、抗日元勋、温州大学奠基者，编纂《敬乡楼丛书》。

马星野：1901—1991年，中国新闻教育第一人，任国民党中央日报社社长，主要著有《新闻学概论》《新闻事业史》《中国新闻记者信条》等。

江南水乡：平瑞塘河与平宋塘河贯穿其间，形成了独特的水乡田园村落。

工业强镇：2022年全镇规上企业173家、规上工业总产值130亿元，其中印包机械产业、时尚家居产业、汽摩配行业为三大支柱产业。

万全镇

始建于北宋太平兴国年间。总面积50.8平方千米，下辖35个社区，常住人口8.39万人。

· 国家级印刷包装装备火炬特色产业基地
· 中国家居（时尚）用品出口基地
· 国家级保健器具质量提升区
· 华东地区乳胶生产基地
· 省级工业型美丽城镇

腾蛟镇

民国三十年（1941）属腾蛟乡，1985 年复改为腾蛟镇。总面积 80.1 平方千米，下辖 7 个社区和 31 个行政村，常住人口 4.74 万人。

· 国家卫生镇
· 全国象棋之乡
· 中国笔记本之乡
· 省 4A 级景区镇

浙南古镇： 文化底蕴浓郁，素有耕读乡村之誉。系省级历史文化名镇（文化保护区）。

苏步青故居： 苏步青（1902—2003），中国科学院院士，中国著名的数学家、教育家，中国微分几何学派创始人，被誉为"东方国度上灿烂的数学明星""东方第一几何学家""数学之王"。苏步青故居位于腾带村，是建于晚清的木构平房，现陈列苏步青生平事迹，系省级文保单位、市爱国主义教育基地。

棋王碑林： 棋王谢侠逊（1888—1987），中国现代象棋运动的开拓者，爱国象棋家，也是中国国际象棋的先驱，人称"百岁棋王"。碑林为纪念谢侠逊和弘扬中国象棋文化而建，内有碑廊 7 座、碑亭 1 座。

苏步青故居

中国工农红军挺进师陈列馆

1956 年始称镇。总面积 38.84 平方千米，下辖 2 个社区和 16 个行政村，常住人口 1.67 万人。

· 省 4A 级景区镇
· 省卫生城镇
· 省美丽乡村示范乡镇
· 省文明镇
· 省级生态镇

上垟舞龙：始创于清朝光绪年间，源于人民群众的劳动与自然生活，在传承中不断地变化与发展。

单档布袋戏：独特的戏曲艺术表演形式，艺人手、脚、嘴并用，操纵数十个小木偶并演奏乐器。系国家级非遗项目。

中国工农红军挺进师纪念园：建于 2021 年，位于凤岭山。刘英、粟裕率领的中国工农红军挺进师曾在此坚持艰苦卓绝的游击战争。此地还有闽浙边抗日救亡干部学校旧址、粟裕将军骨灰敬撒处、闽浙边临时省军区司令部旧址等众多革命遗迹。入选省博物馆（纪念馆）名录。

浙江省委党校平阳分校：2019 年 7 月挂牌成立，对标"服务全省、辐射周边、面向全国的红色教育高地"定位扎实推进学校建设。系省红色教育的重要阵地之一。

大屯村：中国传统村落，村内拥有"大屯会议会址"旧址、中共闽浙边临时省委机关驻地旧址及浙南闽北古建筑群等旧址，有"浙江小延安"之称。

顺溪镇

顺溪古屋

清朝时属崇政乡辖下的五十一都。总面积 104.9 平方千米，下辖 5 个社区和 22 个行政村，常住人口 0.66 万人。

· 国家级生态镇
· 国家级历史文化名镇
· 国家 3A 级旅游风景区
· 国家卫生镇
· 省小城镇环境综合整治样板镇

云祥寺：始建于元至正七年（1347），清康熙时重建，光绪七年（1881）再建。传说云祥寺有僧百人，故又名"百僧堂"。寺内保存题记碑刻多块，记述着该寺的兴衰历程。

顺溪古建筑群：始建于清乾隆至嘉庆年间，是浙南温州古民居建筑体系的重要类型之一，素有"浙南清中晚期民居博物馆"的美誉。系全国重点文保单位。

益智高等女子学校：始建于清朝光绪二十七年（1901），是平阳县最早的女子学校，免收学费，诠释"德张民智开明范，学领女权炳耀风"的办学担当。

知音涧：会音桥下至白云飞瀑一段称为知音涧，全长 3 公里，溪流曲折，水声强弱多变，或窃窃私语，似与人倾诉衷肠。

顺溪黄年糕：选用鳌江源头之水、高山优质粳米、黄栀子等纯天然植物，采用传统古法技艺制作而成。系中国国家旅游"年度臻选特色文旅商品"。

1985 年建镇。总面积 46.93 平方千米，下辖 1 个社区和 15 个行政村，常住人口 1.47 万人。

·国家卫生城镇
·省旅游强镇
·省体育强镇
·省级生态镇
·省美丽乡村示范乡镇

　　陈嵘： 1888—1971 年，植树节的领衔倡议者，著名林学家、林业教育家、中国树木分类学的奠基人，中国近代林业的开拓者之一，代表作有《中国树木分类学》。

　　南雁会文书院： 初建于北宋。为北宋大观三年（1109）进士陈经邦及其兄弟陈经正读书的地方，南宋学者朱熹曾于此讲学，是温州地区整体保存较完好的古代书院。

　　南雁荡山景区： 分东西洞景区、顺溪景区、明王峰景区、碧海天城景区、赤岩山景区五大景区。山峰多在海拔 500 米以上，景区内有始建于宋代的会文书院、仙姑洞道观，唐代的观音洞寺院等文物胜迹。系国家 4A 级景区。

　　堂基村： 至今保持着古旧的堤塘、特色民居与质朴的民风。系全国首批"中国少数民族特色村寨"。

　　五十丈粉干： 制作技艺有 300 多年历史，细如发丝、色白如玉。系市级非遗项目。

南雁荡山景区

海西镇

西湾天湖村

2016 年建镇。总面积 30.6 平方千米，下辖 17 个行政村，常住人口 2.16 万人。

· 省森林城镇
· 省级信用镇
· 省美丽城镇达标城镇

加丰居士林：位于加丰村，拥有 100 多年的历史，建筑面积达 1800 平方米，其地下有一座庞大的地宫。

金沙滩：面积约 2 万平方米，是平阳县最大的沙滩，盛产弹涂鱼、蛏蟟、牡蛎、海蜈蚣等海鲜。

半天山：海拔 655 米，温州市首个风电项目——平阳西湾风力发电场所在地，是新晋网红打卡点。

仙口村：平阳建县之前仙口山已史上有名。三国东吴大帝赤乌二年（239），以仙口为中心建船屯。

海栖民宿：占地面积达 2200 平方米，拥有独栋别墅、船屋、鸟巢等各种风格，带领游客体验特色渔耕文化。

万洋众创城：国家小型微型企业创业创新示范基地、浙江省五星级小微企业园，入驻小型微型企业 500 家，是全省投资与面积最大、综合配套设施最齐全的小微园项目。

西湾景区

南麂环岛公路

别名海山，因形似奔麂状而得名。总面积 11.1 平方千米，下辖 4 个行政村，常住人口 0.06 万人。

· 联合国教科文组织认定的世界生物圈保护区
· 国际重要湿地
· 国家 4A 级旅游景区
· 国家级海洋自然资源保护区
· 中国最美十大海岛

贝藻王国： 南麂岛海域已发现海洋生物 1876 种，其中贝类和藻类资源特别丰富，两者分别占全国贝类和藻类种数的 15% 和 25%，占浙江省贝、藻类种数的 80%。

大沙岙景区： 全国仅有的 2 处世界罕见的贝壳沙滩之一，沙质柔软细致，海水湛蓝洁净，是举世罕见的天然海滨浴场。

三盘尾景区： 位于南麂列岛的东南部，因外形像三个漂在海上的盘子而得名。天然壁画、天然草坪、风动岩是景区三大绝景，猴子拜观音是南麂岛最具代表性的景观。

南麂海水养殖基地

浙南红都　山海平阳

中共浙江省一大纪念园

相传此地曾引凤凰翱翔，故名凤翱，因"翱"与"卧"闽南话谐音，改称凤卧。总面积 37.5 平方千米，下辖 10 个行政村，常住人口 1.05 万人。

· 全国爱国主义教育示范基地
· 国家国防教育示范基地
· 国家 4A 级景区镇

郑海啸： 1900—1987 年，1933 年加入中国共产党。原名志权，参加革命后，曾用化名侠山、小觉等，群众昵称"老海"。现代浙南革命家，曾任中共平阳县委书记，浙南革命老区奠基人之一。

中共浙江省一大纪念园： 位于冠尖山，1939 年 7 月 21 日至 30 日，中共浙江省第一次代表大会在平阳县凤卧的冠尖和马头岗胜利召开。纪念园展示历届中共浙江省委带领浙江人民进行英勇战斗的辉煌历程。系全国红色旅游经典景区。

凤林村： 村内拥有中共浙江省"一大"会址、红军挺进师驻地等多处革命圣迹。革命战争时期，闽浙边临时省委、浙南特委驻在该村，被誉称"浙南西柏坡""浙江红村"，全村为党的革命牺牲的烈士 12 位。系省历史文化村落保护利用重点村。

规划发展： 打造"三镇一高地"——红色旅游融合发展示范镇、未来乡村创建样板镇、共同富裕革命老区先行镇，新时代党建高地。

凤卧镇

因地方曾盛产络麻而得名，1985 年由麻步乡改为麻步镇，1992 年塘北、渔塘、树贤 3 乡并入。总面积 42.8 平方千米，下辖 2 个社区和 24 个行政村，常住人口 3.35 万人。

· 国家卫生城镇
· 中国花边之都

麻步镇

鳌峰小学革命纪念室：1930 年，平阳城乡处于白色恐怖。为了坚持革命，进步青年陈阜接办麻步鳌峰小学并任校长，自此该校成为平阳地下党活动的重要基地。纪念室占地 770 平方米，陈列有鳌峰小学革命示意图等。系县文保单位、县爱国主义教育基地。

麻步白鹤拳：历经 100 多年传承，依托其开展的"非遗进校园"优秀实践入选全国十大优秀案例之一。系省级非遗项目。

麻步黄牛肉：平阳特色农产品，选材严格，只选用肉质鲜美的黄牛肉。系平阳十大名小吃之一。

花边产业：麻步打造了具有 10 万台针织机的时尚花边产业科创园，年产值达到 50 多亿元。

麻步镇

怀溪镇

2016 年由原山门镇晓坑社区和怀溪社区撤并后成立。总面积 62.8 平方千米，下辖 16 个行政村，常住人口 1.23 万人。

· 国家卫生镇
· 省 4A 级景区镇
· 省美丽乡村示范乡镇
· 省推动农民农村共同富裕成绩突出集体

怀溪烟花节：相传源于明代村民猎户周氏兄弟打虎之事，如今发展为还愿祈福的民俗活动，至今有 300 余年历史。系市非遗项目。

徐氏家隍：公元 920 年，吴越王念徐孝三保驾有功，在穹岭脚建一宗祠，赐名"徐氏家隍"。系平阳唯一一座御赐宗祠。

穹岭古道：建于明朝末年。起于怀溪水口村，终至文成巨屿岭边村，自古便是平阳往瑞安部分地区（今属文成）的交通要道。获评为温州十大森林古道。

晓坑岭战役：1948 年打响，是浙南解放战争中一次以少胜多的典型战例，宣告国民党浙江保安司令部策划重兵"清剿"的彻底失败。

穹岭景区：景区森林覆盖率达 93%，风光旖旎，民宿集聚。系全国乡村治理示范村、国家 3A 级风景区、省级森林康养基地。

怀溪番鸭：当地有 100 多年饲养番鸭的历史。逢年过节、走亲访友，村民都要用番鸭煮长寿面。近年来怀溪小街两旁先后开张 20 多家番鸭店，形成了番鸭一条街，"怀溪番鸭"声名远扬。入选省农家乐特色菜百味谱。

怀溪镇

闹村乡

2016 年调整水头镇管辖范围，增设闹村乡。总面积 45.81 平方千米，下辖 12 个行政村，常住人口 0.89 万人。

· 国家卫生乡
· 省美丽城镇
· 省森林城镇
· 省 3A 级景区乡

闹村八景： 分别为南山瀑布、龟蛇相会、石磐东悬、将军守关、丹凤朝阳、双仙探宝、独鲤朝岗、半月腾光。

闹村廊桥： 由当地乡贤集资兴建，全木结构廊桥，全长 55 米，其中跨溪部分长近 35 米，集亭、台、楼、阁等建筑风格于一体。

雾乡黄汤： 以古茶树种、黄化茶树种为主要品种，深挖民间传统制茶工艺，形成特殊的黄汤制作手法。

南阳毛芋： 南阳村传统的农作物。种植历史悠久，具有粉甜、香糯、爽口的特点，营养丰富。

东北村： 以畲族文化为特色，畲族居民人口占全村总人口的 41.65%。系省 2A 级景区村、省善治村、省一村万树示范村。

霖野民宿： 白金级民宿、中国森林康养人家、温州市"侨家乐"五星级品牌民宿。

青街畲族乡

青街畲族乡

民国三十年（1941）始称青街乡。总面积 21.8 平方千米，下辖 9 个行政村，常住人口 0.34 万人。

·国家级生态乡
·国家卫生乡
·省级旅游风情小镇

池宾熔宅： 始建于明朝万历年间，是青街历史最悠久、保护最完整的一座古宅院，面宽、低矮、古朴，具有宋代建筑风格，是温州民居重要代表作之一。系省级文保单位。

施味辛： 1902—1929 年，1922 年由中共中央最早的党员之一施存统介绍入党，受周恩来、陈延年直接领导，从事地下革命活动。因长期在热带雨林工作，患水肿病去世。

青街竹林： 初建于元至正十八年（1358），青溪的两条支流在此合流，以"自然风光旖旎、民俗风情浓郁、文化积淀深厚、毛竹远近闻名"著称，享有"竹海畲乡、水墨青街"之美誉。

九岱村： 每年"三月三"畲歌畲舞过佳节，祭祖先拜谷神，设百家宴缅怀先祖、款待来客。系中国民族特色村寨，被列入省级少数民族十佳特色村寨培育，温州第一大纯少数民族村。

青街畲族乡民俗文化

10

浙南明珠
最美泰顺

  泰顺地处浙南边陲，与福建毗邻，明景泰三年(1452)置县，县名取"国泰民安、风调雨顺"之意。县域总面积1768平方千米，辖12个镇、7个乡，常住人口26.78万人，2022年地区生产总值143.98亿元。

  生态优美资源丰。境内重峦叠嶂，溪谷回环，森林覆盖率达76.94%，是中国天然氧吧。风光秀丽，宜居宜旅，拥有"天下第一氡"承天氡泉、"天然生物基因库"乌岩岭国家级自然保护区等独特资源，是国家生态县、国家

雾色长碇

醉美山城

生态文明建设示范县、中国最美乡愁旅游目的地。泰顺石资源丰富，已探明可开采量为5000万吨，理论储量逾1亿吨，被誉为"世界叶蜡石之都"。泰顺被评为中国茶叶之乡，世界名曲《采茶舞曲》诞生于此。

历史悠久文化盛。新石器时代中晚期就有瓯越先民在此繁衍生息，唐末以来"朝贤多隐居于此"。泰顺被誉为"中国廊桥之乡"，现存古廊桥33座，其中15座被列为全国重点文物保护单位，木拱桥传统营造技艺被列入"人类急需保护的非物质文化遗产"名录，北涧桥有"世界最美廊桥"之誉。拥有"泰顺药发木偶戏"等6项国家级非遗项目、"百家宴"等16项省级非遗项目。

乘着改革开放的东风，踏上新时代的征程，泰顺人走出大山，闯荡市场，成功摘得"中国市场投资开发第一县"。"生态立县、旅游兴县、产业强县"发展战略接续推进，抽水蓄能电站、廊桥—氡泉国家级旅游度假区梦想成真；省级经济开发区落地开花；"浙南明珠、最美山城"崭新面貌脱颖而出；"走走泰顺，越来越顺"文旅IP越叫越响。

乌岩岭

民国二十四年（1935）设镇。总面积 430.31 平方千米，下辖 12 个社区和 70 个行政村，常住人口 10.73 万人。

· 国家级生态镇
· 中国旅游文化名镇
· 国家级卫生县城
· 省级示范文明县城
· 省体育强镇

仙居古村落：距今 1000 多年历史，整体建筑风貌保存完整，内含泰顺境内第一座官修廊桥、跨径最大的木拱廊桥——仙居廊桥等特色文化资源，拥有松林烟雨、东岱横云、长桥夕虹、灵峰晚钟等自然景观。系国家级传统村落。

趣村岭北：村尾村、板场村联合打造"趣村岭北"未来乡村，引入专业旅游开发企业，发展特色农业、田园旅居、研学教育等，促进乡村发展，带动村民增收。系国家级美丽宜居示范村、省旅游特色村、省首批未来乡村建设试点村。

交垟土楼：始建于清嘉庆年间，位于上交垟村。闽南曾氏北迁至泰顺后，按闽南地方风格布局建造，为省内福建土楼的代表性建筑。系全国文保单位。

罗阳生态工业创新发展基地：泰顺工业经济发展的核心区，规划万亩用地，打造为长三角和粤闽浙沿海城市群产业承接地，全力发展酒水、新能源、装备制造等产业，打造"万亩千企"产业平台，2022 年规上产值超 15 亿元。

趣村岭北

司前畲族镇

1992 年由乡改镇。西北毗邻丽水景宁，总面积 208.84 平方千米，下辖 12 个行政村，常住人口 1.18 万人。

- 全国脱贫攻坚先进集体
- 全国文明村镇
- 国家卫生乡镇
- 省 4A 级景区镇
- 省美丽城镇

徐奭： 987—1030 年，生于溪口村，是温州首位状元、北宋能吏。学识渊博，善治水患，遗泽乡里，对泰顺乃至温州文化的发展影响较大。

畲风浓郁： 司前是泰顺畲族最集聚的地区之一，当地畲歌队多次受邀到韩国、意大利等地巡演，把中国畲歌唱出国门。

国立英士大学陈列馆： 国立英士大学于 1938 年筹建，1939 年开学，是战火中诞生的大学。1943 年辗转迁到司前，在此办学三年，培养了大批人才。2015 年，泰顺对相关的历史遗存进行抢救性保护，建成陈列馆。系省爱国主义教育基地。

共富大搬迁： 全省首创"一镇带三乡"搬迁模式，建成区人口从不足 6000 人增加至万余人，城镇化率达 85%。

月蓝舍： 民宿房间均以"月"命名，配以躺椅、棕树、草坪等元素，别有一番异域风情。系省级金宿、市级示范性精品民宿。

共富大搬迁

飞云湖赛事基地

百丈镇

百丈镇

时尚体育小镇: 总面积 113 平方千米,以飞云湖为主轴,打造为集比赛训练、运动休闲、康体养生、旅游度假于一体的综合发展平台。系国家 3A 级景区。

飞云湖赛事基地: 先后引进皮划艇队、曲棍球队 500 多名运动员进驻训练以及 40 多家市县区体育协会入驻,并举办了一系列品牌赛事,年均游客超过 30 万人次。系国家赛艇高水平后备人才基地、辽宁海校冬训基地。

水果种植基地: 全镇特色水果基地近万亩,其中杨梅 11000 亩、脐橙 4000 亩、红心柚 900 亩、白枇杷 168 亩、蓝莓 60 亩,是名副其实的"四季水果采摘基地"。

民国二十四年(1935)设镇。位于飞云江上游,下辖 11 个行政村,常住人口 0.34 万人。

- 国家卫生乡镇
- 国家级生态镇
- 国家园林乡镇
- 省运动休闲乡镇
- 省运动休闲旅游示范基地

筱村镇

1992 年由乡改镇。总面积 114.6 平方千米，下辖 1 个社区和 19 个行政村，常住人口 1.34 万人。

· 国家级生态镇
· 省卫生乡镇
· 省级历史文化名镇
· 省级农村文化礼堂建设示范乡镇
· 省 4A 级景区镇

文重桥、文兴桥：分别建于道光年间和咸丰年间。文重桥横平竖直，端庄大气；文兴桥是国内样式最奇特的廊桥，为廊桥中的"比萨斜塔"，是闽浙"两省七县"联合申报中国"世遗"预备名单的 22 座廊桥之一。

徐岙底古村：泰顺保存最完整的古村落之一，当地吴氏家族于宋理宗端平三年（1236）迁居此地。村内保留有 38 座院落，以及文元院、举人府、忠训庙、吴氏宗祠等古建筑。系中国传统村落、市十大最美历史文化村落。

筱村公社：一家以休闲农业为主导，融生态保护与乡土科教、山水游赏与养生度假、耕读文化与公社风情为一体的综合森林康养基地。系国家级森林康养基地、省级三星农家乐、市级十大示范性精品民宿等。

徐岙底古村落

泗溪镇

1985 年由乡改镇。总面积约 120 平方千米，下辖 1 个社区和 22 个行政村，常住人口 1.79 万人。

· 廊桥—氡泉国家级旅游度假区
· 省 4A 级景区镇
· 省级历史文化名镇
· 省级红色旅游教育基地

北涧桥

国宝级廊桥：泗溪拥有北涧桥、溪东桥、霞关桥、池源桥、南阳桥 5 座国宝廊桥，形态各异，宛若时空走廊，大气恢宏，端庄肃穆。

张十一故居：张十一本名楠青，因在家排行十一而得名，生性聪敏，博学多才，又有侠义心肠，被称为"温州阿凡提"，生平趣事在当地广为流传。故居始建于清乾隆年间，嘉庆三年（1798）竣工，整体院落共有 10 座楼房。系省级文保单位。

中国工农红军挺进师纪念馆：2002 年建成，位于白柯墈村。白柯墈村有浙闽临时省委成立旧址，1935 年刘英、粟裕率领红军挺进师在此开辟了浙南革命根据地。纪念馆展出 400 多件红军挺进师在游击战争时期的珍贵图片资料和文物。系全国红色旅游经典景区、省国防教育基地、省党史教育基地。

廊桥文化园：以被誉为"世界最美廊桥"的泗溪"姐妹桥"——北涧桥和溪东桥为核心，打造集廊桥保护、文化传承、旅游开发等为一体的文旅项目。系国家 4A 级景区。

彭溪镇

1992 年由乡改镇。与福建福鼎接壤，总面积 89.79 平方千米，下辖 15 个行政村，常住人口 1.16 万人。

· 国家级生态镇
· 省卫生乡镇
· 省美丽城镇建设基本达标城镇
· 省革命老区镇

革命老区镇： 镇内红色资源丰富，拥有"中共浙南特委""红军山洞医院""峰文大战"旧址等革命历史遗迹 10 余处，镇内共有革命烈士 93 人，被誉为"革命老区、浙南延安"。

茶产业： 泰顺茶叶主产区之一，种植面积达 8068 亩，出产特种名茶香菇寮白毫、黄汤等名茶，其中香菇寮白毫被陈宗懋院士赞誉为茶中珍品。

栀子花产业： 立足浙闽边万亩栀子花海优势，依托冷凝技术，提炼黄栀子精华，打造"品栀"系列产品，带动浙闽边 5000 多户农户致富增收。

彭月工业园区： 园区有规上企业 28 家，2022 年规上工业产值增速 31.59%，增速在全市工业重镇中名列前茅。系省级经济技术开发区重要区块。

中共浙南特委展示馆

1985 年由乡改镇。与福建福鼎接壤，总面积 101.54 平方千米，下辖 1 个社区和 20 个行政村，常住人口 2.01 万人。

· 国家级生态镇
· 国家 4A 级景区（氡泉）
· 廊桥—氡泉国家级旅游度假区
· 国家农村产业融合发展示范园（华东大峡谷）

华东大峡谷蛟龙出海

百福岩古村: 村内保留着多座以周氏居住和所建的宅院为代表的明清时期古建筑，古民居群为省级文保单位。系中国传统村落。

塔头底古村: 始建于清朝康熙年间，是季姓的聚居之地，至今仍保存着 7 座较为完整的建筑。

普宾桥: 建于清道光元年（1821），系木平梁廊桥，桥长 13 米。系全国文保单位。

氡泉景区: 泰顺氡泉以其山水秀丽、水热含氡而闻名，承天氡泉被列为国家级浴用医疗矿泉水。景区以华东大峡谷为中心，方圆数十里群山环抱。系国家 4A 级旅游景区、省级自然保护区、省级风景名胜区。

1987年由乡改镇。与福建柘荣、福安相连，总面积83.56平方千米，下辖1个社区和19个行政村，常住人口1.44万人。

- 全国"一村一品"示范村镇
- 省园林城镇
- 省100个"最美田园"之一
- 省农业绿色发展示范区
- 省茶叶农业特色强镇

碇步龙

万排万亩茶园

仕水碇步：始建于清乾隆五十九年（1794），古桥型式，位于溪东村。该碇步在清嘉庆年间毁于洪水，当地村民探索新工艺重修后历久不毁，其规模和气势国内罕见，具有很高的历史、艺术和科研价值，被载入《桥梁史话》。系全国文保单位。

董家大院：建于清代中期，俗名"曲岩厝"，位于严山村。大院坐北朝南，由门楼、正屋及左右厢房组成。系省级文保单位。

董源董氏宗祠：位于董源村，是该村最大的古建筑物，也是泰顺最大、保存完好的祠堂之一。系省级文保单位。

碇步龙：始创于清嘉庆三年（1798），以碇步为平台表演龙舞。从"开龙门"到"关龙门"共有60多个套路，是当地林氏裔孙为庆祝宗祠落成而创造，现多在节日庆典时表演。系国家级非遗项目。

万排万亩茶园：拥有得天独厚的土质，而且阳光充足、雨量充沛、昼夜温差大，是泰顺茶叶重点产区、"三杯香"主产地。

1985 年由乡改镇。总面积 69.9 平方千米，下辖 15 个行政村，常住人口 1.56 万人。

· 国家级生态镇
· 省小城镇环境综合整治样板乡镇
· 省级森林公园
· 省体育强镇
· 省卫生乡镇

薛宅桥、刘宅桥、永庆桥：分别建于清咸丰、乾隆、嘉庆年间。薛宅桥挺拔恢宏，大红桥身高高耸起；刘宅桥华丽典雅；永庆桥为伸臂式木廊桥，是优美的古代木廊平桥。均系全国文保单位。

百家宴：源于北宋时期的张宅村，独特又古老的闹元宵习俗。前身为"祠堂酒"，其初衷是"聚宗亲，商族事，祈丰收，保平安"，曾创下 6 万人共进午餐的吉尼斯世界纪录，被誉为"天下第一福宴"。

老东家精神：1935 年，刘英、粟裕领导中国工农红军挺进师在三魁卢梨村开辟革命根据地，与村民同生死共患难，铸就"老东家"精神。

百家宴民俗活动

南浦溪镇

2016年设镇。总面积64平方千米，下辖13个行政村，常住人口0.63万人。

锦边山遗址：位于新兴村（原漈头村）锦边山，为新石器时代晚期遗址，占地面积约1.5万平方米，遗物以陶器标本为主，石器少量。陶器分泥质陶和夹砂陶两类，可辨器物有釜、罐、斧、钵、盆等。

库村古村落：始建于唐代。现存传统建筑67座，建筑面积3.7万平方米，是泰顺古民居建筑中历史最悠久、规模最大、保存最完整的村落。系中国传统古村落、全省传统村落风貌保护提升验收优秀村庄、市历史文化名村。

南浦溪景区：以三重漈、南浦溪、飞云湖为节点，依托湖、溪、滩、峰、峡等自然景观打造的山水主题景区。系国家3A级旅游景区、省级放心景区。

千年库村

南浦溪碇步桥

龟湖镇

叶蜡石

1994 年由乡改镇。总面积 52.7 平方千米，下辖 7 个行政村，常住人口 0.61 万人。

· 中国石雕小镇
· 国家三星级地质文化镇
· 国家卫生乡镇
· 省 4A 级景区镇
· 省非物质文化遗产旅游小镇

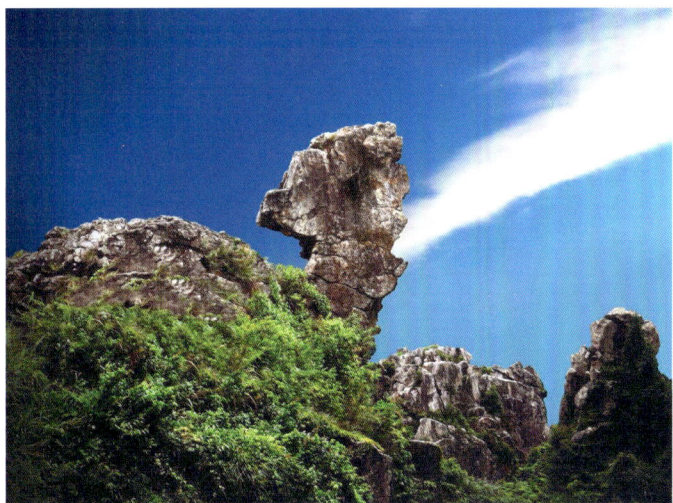

神龟望月

世界蜡都：拥有媲美寿山石、昌化石、青田石、巴林石"四大国石"的泰顺石，被誉为"世界蜡都"。泰顺石极具文化艺术创造价值和收藏价值，理论储量在 1 亿吨以上，储量亚洲第一、世界第二。

大明银都：镇内的一处银矿遗址，采银矿始于明朝初年（约 1368），鼎盛于明景泰至成化年间（1450—1487），是当时浙闽境内的大银矿，为当时朝廷采银的主产区之一。

禳神节：源于唐末，兴盛于明代，是乡民祈求神明保佑国泰民安、风调雨顺的迎神庙会，于每年农历六月初六举办。系市级非遗项目。

龟湖八景：包括神龟望月、青狮献瑞、三峰拥月、湖山积翠、龙岗喷雪、天梯蟾窟、马漈横云、仙墩喜雨，其中神龟望月最具代表性。

茶坪坑党支部旧址：位于章荣村。1935 年 11 月，叶飞率领的闽东红军进入洲岭等地活动时，在茶坪坑召集了数次秘密会议，部署作战计划、商计交通站、建设训练场等。系市级红色教育基地。

西旸镇

1996 年由乡改镇。总面积 88.61 平方千米，下辖 15 个行政村，常住人口 0.83 万人。

· 省美丽乡村示范乡镇
· 省森林城镇
· 省卫生乡镇
· 省低（零）碳试点乡镇

明山寺：始建于宋朝，毁于明末战乱，清光绪二十二年(1896)重建，位于万山之巅，是泰顺四大名寺之一。

三条桥：建于宋绍兴七年(1137)，重建于清道光二十三年(1843)，位于交溪流域（洋溪和洲岭交界处），由原先三条巨木跨河为桥而得名，是泰顺县历史最久远的木拱廊桥。

飞行营地：浙南山区首个低空旅游开发新兴项目，集飞行体验、旅游观光、星空露营等功能为一体。系国家航空飞行营地、省级运动休闲旅游优秀项目。

光伏项目：西旸年均日照 1438 小时，发展光伏产业得天独厚。光伏项目一期于 2019 年建成并网发电，年均发电量 2600 万度，二期于 2023 年开工建设。项目带动全县 56 个经济薄弱村消薄及 1.3 万低收入农户增收共富。

西旸镇

雪溪乡

民国二十七年（1938）设乡。总面积 26.7 平方千米，下辖 8 个行政村，常住人口 0.47 万人。

- 省 3A 级景区镇
- 省美丽城镇
- 省卫生乡镇
- 省美丽乡村建设示范乡镇
- 省小城镇环境综合整治样板乡镇

雪溪乡

胡氏大院：于道光十二年（1832）至同治甲戌年（1874）建成，位于桥西村，亦称石门楼。江南少有的大型合院式民居，规模庞大、做工精致。系全国文保单位。

状元古村落：位于双桥村，是泰顺县唯一一位武状元蔡起辛（1228—1301）的故里。泰顺县最早的古村落之一，有 800 多年历史，文化底蕴深厚，村内有蔡氏宗祠、碇步、千年古樟、千亩果园、百亩梯田等景观。

溪山文化园：园内风景秀美、人文景观多样，拥有丰富的水系、山林、峡谷等资源，由泰顺"第一瀑"后溪瀑布、雪临溪大峡谷千年古道风光、国家二级保护植物中华蚊母丛等多个景点组成。

四千产业：以"十里稻香"产业串联各村形成的高山农业带，打造了"千亩粮仓、千亩茶园、千亩药花、千亩果蔬"产业基地。

胡氏大院

南山里君澜度假区

大安乡

· 省美丽乡村示范乡
· 省3A级景区镇
· 省卫生乡镇
· 省级传统古村落

民国二十四年（1935）设乡。总面积26平方千米，下辖6个行政村，常住人口0.51万人。

药发木偶戏：源于宋代，是以火药带动木偶表演的一种独具观赏价值的传统戏剧，大安乡人周尔禄是最具代表性的药发木偶制作艺人。系国家级非遗项目。

龙凤狮子灯：形成于明朝万历年间，有近400年历史。因龙、凤、狮子合舞而得名，是最具泰顺地方特色的民间灯舞。系省级非遗项目。

米塑：泰顺民间传统艺术中的一门绝技，用米粉捏制，捏人造物栩栩如生。

大丘坪村：村内保存较完整的古柴窑和大批古民居，以及传统土陶制作技艺。系省传统村落、市非遗体验基地。

南山里君澜度假区：国际休闲度假区、康养度假区，浙南最顶奢的古村落民宿群。

飞云湖畔

1952 年设乡。总面积 36.2 平方千米, 下辖 8 个行政村, 常住人口 0.31 万人。

· 国家卫生镇
· 省 3A 级景区镇
· 省美丽乡村示范乡镇

包垟乡

林秉权故居: 林秉权 (1902—1934) 是第一位泰顺籍中共党员, 被派遣赴苏联中山大学学习, 其间与王明等作斗争, 反被诬陷为搞宗派活动, 被流放到西伯利亚, 后被追认为革命烈士。故居内设林秉权革命教育展示厅。系市党史教育基地。

四最小区: 生态大搬迁项目。打造坡地田园民居建筑群, 是集最美民心工程、最亲民安居工程、最强融合工程、最高难度工程为一体的"四最小区"。

湖畔农品: 以"自然条件优渥、地理环境独特、文化底蕴深厚、农品闻名遐迩"著称, 杨梅、小番茄、薯芋等农产品备受市场欢迎。

东溪乡

民国二十四年（1935）设乡。总面积 34.6 平方千米，下辖 8 个行政村，常住人口 0.6 万人。

· 省级旅游风情小镇
· 省 4A 级景区乡
· 省革命老区乡镇

曾光： ?—1169 年，南宋隆兴元年（1163）考中武科进士，授骑都尉，为南宋抗金大业立下卓越战功。

书香积库： 泰顺最早的四大书院桂林书院落户于普城村。该村兴文崇武，历代文人墨客辈出。村内家风家训展示馆是市家风家训教育基地。

《采茶舞曲》： 世界名曲，由国家一级作曲家周大风先生于 1958 年在东溪乡创作。1983 年在联合国教科文组织第十二届亚太地区音乐教材专家会议上入选亚太地区风格的优秀音乐教材。2016 年，在 G20 杭州峰会上此曲再次惊艳世界。

黄淡漈古村落： 村落历史可追溯至明代，距今 500 余年。位于泰顺南部海拔 800 余米的山区，村内格局为中式四合院形式，左边为祠堂，其他三面为现代建筑。村内还有生态公益林 2400 多亩和多处自然景观。系中国传统古村落。

东溪乡

凤垟乡

1950 年改西凤翔乡为凤垟乡。总面积 36.5 平方千米，下辖 7 个行政村，常住人口 0.53 万人。

· 省 3A 级景区镇
· 省首届十大"慈孝之乡"
· 省革命老区乡镇
· 省卫生乡镇

凤垟乡

孝亲长寿文化： 立足"孝亲"底蕴，围绕乡景、乡俗、乡趣、乡味进行产品塑造，推出"长寿百家宴""孝亲文化旅游节""长寿文化旅游节"等诸多文旅品牌。

凤垟云海： 全乡平均海拔 596 米，境内山涧高、瀑布多，独特的地理条件造就出千姿百态的"凤垟云海"奇观。每一处峰回路转的山岗上，都有极其漂亮的山野云海风光，是"泰顺云海"的最美代表景观。

凤垟廊桥： 建于 2019 年，全长 50 米，跨径 30 米，为新建全木结构廊桥，总投资 230 万元，其中乡贤、泰商捐资 140 多万元。

云岚牧场

柳峰乡

民国二十七年（1938）设乡。南与福建福鼎接壤，总面积27.7平方千米，下辖7个行政村，人口总数0.5万人。

· 中国休闲美丽乡村
· 省级特色农业强镇
· 省美丽城镇
· 省 4A 级景区镇
· 省卫生乡镇

柳峰尖： 海拔约1056米，日出时候柳峰尖云海尤为壮观，旅游投资潜力巨大。山上民俗文化活动盛行。

云岚牧场： 澳洲风情度假牧场，集牧业休闲、养生度假、科普教育创意农业以及牧场体验于一体。系全国休闲观光牧场、国家3A级景区。

纯生态萤火虫： 践行"绿水青山就是金山银山"理念，历经十余年的探索和保护，孕育出漫山遍野的纯生态萤火虫，尤其夏日夜幕降临，甚是浪漫、梦幻。

浙江高端牛奶： 产自柳峰的奶源超过欧盟标准，且市场价超同款奶制品，是全国最优奶源产地之一。

1985年改竹垟乡为竹里畲族乡。总面积47.2平方千米，下辖3个行政村，常住人口0.09万人。

· 国家卫生乡镇
· 省民族团结进步模范集体
· 省文明乡镇
· 省乡村旅游重点镇
· 省健康乡镇

畲族文化： 全乡畲族人口主要集中在竹里民族村，占全村总人口的70%以上。畲族三月三、畲族婚嫁、畲族民歌等畲族文化入选省、市级非遗项目。

生态资源丰富： 森林覆盖率达89%，负氧离子含量高达12000个/cm³，区域内水质常年保持在Ⅰ至Ⅱ类，环境空气质量优良率多年保持100%，是天然氧吧。

民宿农家乐： 全乡共发展民宿农家乐15家，其中省级白金宿、银宿各1家。

竹里晨曦

11

山海相融
秀美苍南

苍南，因地处玉苍山之南而得名，位于浙江最南端，1981年从平阳析出建县。陆域面积1079平方千米，海域面积2740平方千米，辖16个镇、2个畲族乡，常住人口84.72万人，其中少数民族人口3.3万人，2022年地区生产总值427.56亿元。

多彩多姿的山海之城。"半城玉海半城山"，苍南拥有国家森林公园玉苍山、国家地质公园矾山，拥有沙滩海岛、渔村古寨、滩涂渔港等丰富滨海资源的168.8千米黄金海岸

县城新区

蒲壮所城

线——"中国东海岸1号公路"。霞关港是浙江距离台湾最近的港口。苍南是中华文明史上人口南北迁徙的重要中转站,闽南、客家、中原文化在此交融碰撞,县域内使用闽南话、蛮话、金乡话、温州话、畲语、蒲城话等,是文化交融的生动见证。南宋时期,苍南出了8名文武状元。明清以来,以碗窑古村落为代表的农耕文化、以金乡卫城和蒲壮所城为代表的抗倭文化、以"世界矾都"为代表的工业文化在此赓续。苍南是中国童谣文化之乡,入选全国投资潜力、县域旅游综合竞争力和治理能力等百强县榜单。

敢拼敢闯的传奇之城。第一份股份合作制企业章程、第一家私人钱庄、第一个银行浮动利率等10多个"全国改革第一"诞生于此;全科医生"县管乡用"、养殖用海"三权分置"等特色改革成为全国示范。2019年,龙港从苍南析出建市,全国首个"镇改市"落地,成为中国改革史上又一个标志性成果。列入全市唯一的省级跨乡镇土地综合整治试点。2022年获批"全球二维码迁移计划"示范区县域先行试点。

日新月异的未来之城。苍南位于长三角和粤闽浙城市群交汇点上,国内最大县级高铁站以及高速公路、国道交织出四通八达的交通网络,总投资1200亿元的浙江三澳核电开工,双千亿级全国清洁能源发展示范地加快建设,"一核引领,多能并进"的绿色能源发展格局呼之欲出。随着省级经济开发区、绿能小镇、台商小镇、渔寮湾乐活小镇、霞关港产城的加快开发建设,一个更富经济实力、城市活力、生态魅力、改革动力、治理能力的浙江美丽南大门徐徐展现。

山海苍南

灵溪镇

· 中国人参鹿茸冬虫夏草集散中心
· 中国塑编之城
· 国家卫生县城
· 国家级生态特色旅游镇
· 省级传统戏剧特色镇

始建于南宋咸淳年间。位于浙闽交界处鳌江流域，总面积171.4平方千米，下辖32个社区、8个居民区和73个行政村，常住人口38.44万人。

徐俨夫： 1200—1260年，南宋淳祐元年（1241）状元，是原平阳县唯一的南宋文科状元，官累至礼部侍郎。其人诗文才情一流，留有《桃渚山居》一诗。

罗氏笃敬居： 建于1913年，位于平南村。由当地明矾商人罗经砌(1865—1920)所建。占地面积约4000平方米，是一座巴洛克建筑风格的西式小洋楼，保存完好，是研究浙南民国初年中西文化交流的重要实物资料。

单档布袋戏： 相传源于晋代，俗称"掌上戏"。一座可由一个人挑着走的小戏台内坐一个艺人，手、脚、嘴巴并用操纵数十个小木偶并演奏乐器，便能演出一台戏，是古代木偶戏的"活化石"之一。系国家级非遗项目。

商贸繁荣： 域内共有各类专业市场26个，年交易额达200亿元，其中水产城批发已跻身全国十强，中国人参鹿茸冬虫夏草集散中心也落户于灵溪。

苍南动车站： 中国首个县级动车始发站，已成浙南闽东北铁路客运枢纽，辐射周边320万人口。

苍南高铁站

云台山

南宋建炎三年（1129）已建置，明洪武二十年（1387）设金乡卫。总面积 53.2 平方千米，下辖 5 个社区和 30 个行政村，常住人口 7.42 万人。

· 中国标牌包装制作营销中心
· 全国千强镇
· 中国虾蛄之乡
· 省 4A 级景区镇
· 省历史文化名镇

金乡镇

金乡卫城： 明洪武二十年（1387）筑城置卫，管辖海岸线长达 200 多公里，是浙南沿海的军事重镇。明代民族英雄戚继光曾几度在此扎营练兵，抗击倭寇。金乡人民在抗倭斗争史上留下了辉煌的篇章，也形成了独特的文化和性格特征。系我国海防的东南第一卫城，其护城河是目前国内唯一保存完整的明代护城河。

"夏益锦"盔头： 制作传统戏曲盔头的一项技艺。苍南金乡夏家是拥有近 300 年盔头制作历史的世家。梅兰芳、周信芳、马连良、盖叫天等著名京剧演员都是其"粉丝"。制作传人至今坚守着 128 道纯手工制作工序，精益求精。系省级非遗项目。

古民居群： 城内有清代、民国古宅近百座，代表建筑有东门大街余家大院、卫前街袁家护萱楼。

特色美食： 拥有石矴海鲜、虾蛄炒年糕、朱广和糕饼、苏长龙糕点和沈氏猪蹄等小吃美食。

钱库镇

南宋高宗年间就有建制。总面积 5.2 平方千米，下辖 6 个社区和 47 个行政村，常住人口 10.69 万人。

· 中国箱包市场产业基地
· 中国废旧纺织品综合利用试点基地
· 省级中心镇
· 省级生态镇
· 省卫生镇

桐桥石棚墓：位于桐桥村。1997 年 6 月调查发现，共有 7 座，现 1 座较为完整。是先秦墓葬的一种形式，为研究苍南历史文化提供了重要的实物资料。系全国文保单位。

灵鹫寺单檐塔：建于宋徽宗重和年间（1118—1119），位于桐桥村，相传为上官氏、项氏等先祖在捐建灵鹫寺时兴建于寺前。原有 5 座，现存 2 座。系县级文保单位。

苏渊雷故居：苏渊雷（1908—1995），国学大师、佛典专家、诗人、书法家。专治文史哲研究，对佛学研究独到。主要著作有《名理新论》《玄奘》等。故居为清末合院式建筑。系县级文保单位。

林夫纪念馆：林夫（1911—1942），著名青年木刻家，20 世纪 30 年代中国新兴木刻运动先驱之一，鲁迅先生的学生，名字被载入中国现代版画史。纪念馆为市爱国主义教育基地。

钱库箱包小微园：总投资 3 亿元，总占地面积 122 亩，是生产、生活、办公"三位一体"的现代化生态复合型创业园区。

钱王司库所在地——钱库镇

桐桥石棚墓

球山

- 中国废旧纺织品综合利用『双百工程』示范基地
- 中国内衣时尚小镇
- 国家电子商务质量提升示范区
- 国家卫生乡镇
- 省第三批产业集群跨境电子商务试点

宋时称泥山镇，清时改名宜山。总面积12.9平方千米，下辖2个社区和14个行政村，常住人口5.44万人。

黄实：1880—1924年，旧民主革命先驱，曾任代司法部次长及国民党本部主任。主办上海《史学报》与杭州《白话报》。辛亥革命后回故乡，任平阳高等小学校长。

球山：位于镇西边，因山形如浮出地面的半球而得名，镇内房子半环绕球山而建，是宜山人游玩的主要景点。

网红直播：建有宜山—中国内衣名镇网红直播基地，可容纳80余家针织类电商企业入驻，2022年快递单破"亿"。

针纺织业：系宜山主导行业，直接从事针纺织产业的市场主体近3000家，从业人员约3万人，2022年工业总产值达到80多亿元，全年网络电商交易额30多亿元。

渔寮风景区

马站镇

明洪武年间设驿道驿站和渡口而得名。南、西接福建福鼎，总面积 66 平方千米，下辖 3 个社区和 21 个行政村，常住人口 3.52 万人。

王国桢： 1899—1931 年，在永嘉、瑞安等地领导农民武装暴动，重建中共浙南特委并担任书记。1931 年因被叛徒出卖被捕，在温州华盖山牺牲。

蒲壮所城： 始建于明洪武二十年（1387）。明代信国公汤和所筑 59 座卫城、所城之一。全城周长 2530（五里三十步）余米，城内面积 35 万多平方米，是一座保存完整的明代抗倭海防城堡建筑。系全国文保单位。

拔五更： 起源于建城之时。蒲城民间自发组织的一项独特的大型迎春民俗活动，每年元宵半夜，两队抬轿赛跑，随后争夺轿子的竹杠一直到五更。系省级非遗项目。

渔寮风景区： 长 2000 米，宽 200 至 800 米，是我国沿海大陆架上最长最大的沙滩，以水清、沙软、滩平、海阔见胜，是理想的海滨浴场和沙滩运动场。系国家 4A 级景区。

四季柚： 清中叶被列为"朝廷贡品"，享有"仙家名果"之称，荣获全国首个水果类农产品国家气候标志认证。

渔寮湾乐活小镇： 拥有金色沙滩、黄金海岸、滨海渔村、抗倭文化、海鲜美食等丰富的滨海特色旅游资源。

- 中国四季柚之乡
- 国家卫生乡镇
- 国家级生态镇
- 省 4A 级旅游景区镇
- 省美丽城镇样板镇

马站四季柚

民国二十四年（1935）设立，因盛产明矾而得名。西与福建福鼎相连，总面积97.1平方千米，下辖9个居民区和15个行政村，常住人口2.53万人。

· 全国重点文物保护单位
· 国家地质公园
· 国家工业遗产
· 国家工业旅游示范基地
· 省级历史文化名镇

朱程： 1910—1943年，抗日名将，1929年毕业于黄埔军校第6期，英名被载入《全国百名抗日英雄谱》。朱程故居是省爱国主义教育基地。

世界矾都： 明矾采炼开创于宋末元初，至今已有640余年历史，矾矿"水浸法"工艺是明矾采炼技术"活的教科书"。明矾储量约2.4亿吨，约占全国的80%、世界的60%，素有"世界矾都"之称。矾矿遗址系全国文保单位。

福德湾村： 矾矿遗址所在地，挑矾古道的起点。村子因采矾而生、炼矾而盛，集古矿硐、古街、传统民居、古老的生产技艺、近现代工业遗址于一体，被誉为"山地采炼矾传统村落"。系首批国家传统村落、中国历史文化名村、全国乡村旅游重点村，获联合国教科文组织亚太地区文化遗产保护奖。

矾山肉燕： 肉燕皮薄如白纸，其色似玉，口感软嫩，韧而有劲，由猪肉加番薯粉手工打制而成。系省级非遗项目，中国名小吃、全国名特优新农产品、浙江十大名小吃。

黄传会书屋： 黄传会，中国报告文学学会原常务副会长，原海军政治部创作室主任，曾获"五个一工程"奖、鲁迅文学奖、中国报告文学终身成就奖等。他将自己的著作和收藏书籍赠予书屋，书屋成为当地一道独特的文化风景线。

矾山镇

世界矾都

福德湾老街

碗窑古村

桥墩镇

因境内平水溪大桥"桥墩门"得名，民国十九年（1930）设桥墩镇。与福建福鼎接壤，总面积129.4平方千米，下辖3个社区和33个行政村，常住人口4万人。

五岱山革命老区：位于南山头村，刘英、粟裕曾率领红军挺进师在此开展过革命活动，曾是中共闽浙边临时省委驻地，被誉为"苍南井冈山"。

陈铁君：1917—1961年，又名陈铁军，1934年11月参加中国工农红军，1937年10月加入中国共产党。参加过淮海、渡江、福州等战役，1955年8月1日被中央军委授予少将军衔，是新中国成立后第一位温州籍将军。

鹅峰书院：始建于北宋咸平年间，是温州最早的民间书院，陆游、许景衡、刘基等诗人在此留有多首诗词歌赋。现为桥墩小学。

玉苍山国家森林公园：总面积2379公顷，森林覆盖率达95.9%。公园内无石不奇，无石不美，相传有七十二景，海拔700～900米的山间遍地天然石雕。怪石、日出、云海是其三大奇观，有"桂林山水甲天下，玉苍石海冠神州"之赞誉。

碗窑古村落：村内保存有较为完整的清代青花窑址，现尚存厂房几十间、碗窑一座，同时保留有300多间清初样式的古建筑。系中国历史文化名村、民族民间建筑魅力民村、传统村落。系省级文保单位。

桥墩月饼：始于明末清初，距今已有300多年历史，制作技艺独特，融合了浙、闽、粤三地风味，馅料以脊膘肉、花生、冬瓜条等为特色。系省级非遗项目。

桥墩月饼

始建于南宋绍兴十二年（1142），清乾隆年间始称藻溪。总面积78.2平方千米，下辖1个社区和18个行政村，常住人口约2.06万人。

林景熙： 1242—1310年，南宋末期爱国诗人，著作被后人编为《霁山集》，被文史学家称为"屈子《离骚》、杜陵诗史"。

盛陶窑址群： 年代为唐至清，位于盛陶村，由6处窑址组成，其中以北山脚窑址最为完整，主要遗物有碗、盘、罐、杯、壶、钵、盏等。该窑址群的发现丰富了瓯窑的实物资料。系省级文保单位。

长泰内茶书院： 旧址长泰内原为村内经商家族陈氏故居，始建于清乾隆年间。藻溪以"茶书"为基调，以县文保单位"长泰内"为品牌，以"儒家国学"为文化底蕴打造长泰内茶书院项目。

藻溪老街： 明清时期因地处挑矾古道的重要节点而繁荣，清末光绪年间商铺林立。现打造为传统文化街区，每逢节假日开展的各种民俗活动，吸引大量游客来此感受传统文化魅力。

公婆石： 藻溪地标式景点。一对雄伟壮观、形状酷似翁媪的大石柱矗立在山腰，日夜厮守，相敬如宾。

雁过藻溪： 以温州籍著名女作家张翎的小说《雁过藻溪》命名的文化客厅，集高端民宿、城市书房、文化沙龙等于一体。

* 省级卫生乡镇
* 省4A级景区镇
* 美丽城镇省级样板
* 省革命老区乡镇
* 省百强文化名镇（街）

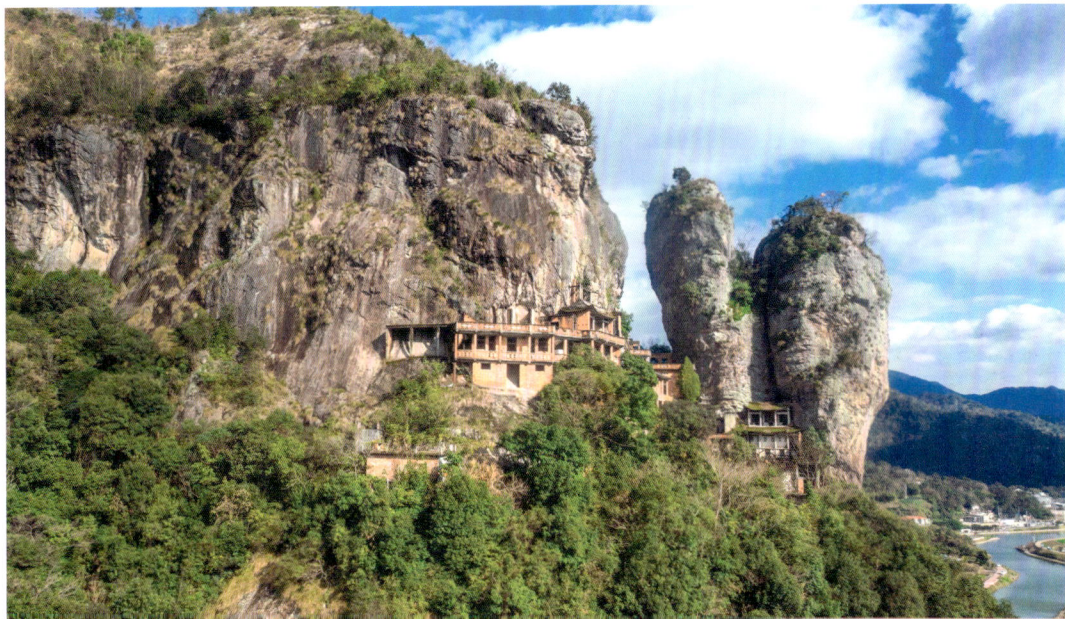

藻溪公婆石

赤溪镇

民国元年（1912）设乡，1984年始称镇。总面积96.8平方千米，下辖2个社区和21个行政村，常住人口1.71万人。

· 国家卫生城镇
· 省级健康镇
· 省四星级镇街
· 省美丽城镇达标镇

房车营地

林辉山：1906—1980年，原名林上厅。1933年参加革命，1934年加入中国共产党。1939年7月，参加中共浙江省第一次代表大会，当选为省委委员，并被选为中共七大的代表。1945年4—6月，作为华中代表团成员出席了中共七大。

五洞桥：始建年代不详，南宋咸淳三年（1267）重建，位于过溪村，该桥保存完整，造型古朴，有确凿的纪年，是研究古代桥梁的重要资料。系全国文保单位。

白湾堡：明初为抗倭而建，位于白湾村。现保存较为完整的有白湾堡城墙和堡门，为清代建筑群落。是浙南沿海抗倭防御体系的重要组成部分，明代抗倭的重要遗址。系全国文保单位。

棕榈湾：苍南县黄金海岸线上最美的一段，被誉为"中国的好望角"，拥有苍南最大的露营基地，是苍南最佳的日出日落观赏点、最好的摄影基地。

老君岛：位于信智海湾南侧，距信智港东5公里。岛上全是五彩斑斓的奇石，有关于太上老君曾经在这里躲避孙悟空追打的传说，因此得名五彩奇石老君岛。

紫菜精加工园区：园区总占地100亩，投资约2.5亿元，有水产品精深加工园、紫菜博物馆、紫菜交易中心。镇域紫菜养殖面积约3.5万亩，年产值近3亿元，享有中国紫菜初加工第一镇的美誉。

明洪武二十年（1387）设大渔墅。总面积16平方千米，下辖6个行政村，常住人口0.62万人。

· 国家卫生城镇
· 中国紫菜之乡
· 省森林城镇

官山岛：苍南最大的无人海岛，陆域面积1.33平方千米，岸线长8644米，植被丰富，海水清澈，海浪平缓，水深适中，是著名的浅海渔场。

柱状节理石：由火山喷发形成的特殊的地质地貌，在北行村、小渔村分布面积有5平方千米，属全国罕见的地质奇观。

渔岙村：建于明嘉靖二十三年（1544），又名龟峰堡，是金乡卫前哨寨堡。系省级历史文化村落保护利用重点村。

紫菜产业：种植面积近7000排，全年日照充足，海域沙滩少，出产的紫菜含沙量低，是国内为数不多的优质紫菜产地之一。

小渔村公园

元末《竹西楼记》中云"温之平阳有地曰炎亭"。总面积14.8平方千米，下辖6个行政村，常住人口0.67万人。

・中国梭子蟹之乡
・国家3A级旅游景区
・国家卫生乡镇
・省4A级景区镇
・省森林城镇

炎亭风景名胜区：由金沙滩、前屿岛、海口沙滩等景区组成，以"滩佳、石奇、礁美、崖险"闻名，素有"浙南北戴河"之称。前屿岛形似"爱心"，有海上明珠之美誉。

炎亭梭子蟹：明嘉靖三十四年（1556），朝廷下旨在炎亭"屯扎人员、建通衢、捕御蟹、专供御用"，是首个梭子蟹（江蟹）出口基地。梭子蟹炒年糕是当地特色美食。

水产：盛产丁香鱼、鳓鱼、虾蛄等海产品，是温州重要的水产品加工基地和活鲜产品暂养基地。

滨海渔港

验潮亭晨曦

炎亭镇

望里夜景

　　始建于民国十九年（1930），原名望鲤，后简化为望里。总面积为
32.8 平方千米，下辖 1 个社区和 14 个行政村，常住人口 2.83 万人。

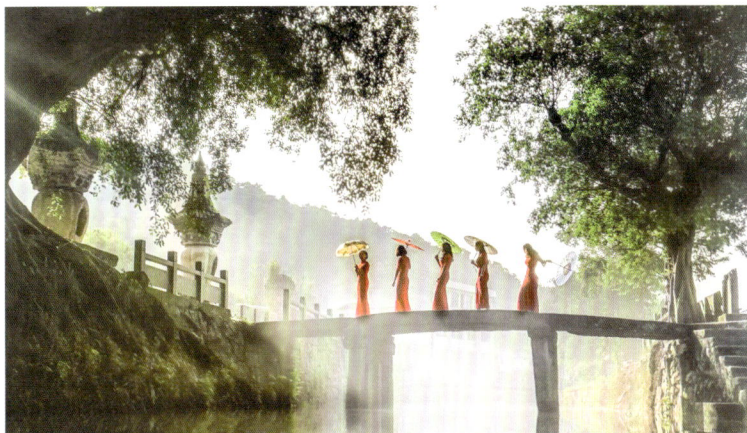
护法寺塔桥

　　护法寺塔桥: 建于北宋元祐三年（1088），位于护法寺村。护法
寺建于唐朝大中年间，1944 年毁于兵火，仅遗留三座砖塔和一座石桥。
系全国文保单位。

　　陈功甫: 1890—1942 年，近代史教研先驱，国立北京大学文学士，
著名历史学家，著有《中国史学史》《中国史学述略》《中国革命史》等。

　　神山革命老区: 1934 年成立神山党支部，建有神山革命烈士纪念
馆，留有神山革命肃反队遗址。

　　再生棉纺产业: 占中国清洁用品棉纱类细分领域市场份额约
50%，产业链企业近千家，从业人员超 8000 人。

莒溪风情水街

莒溪镇

民国二十四年（1935）设乡，1984 年始称镇。总面积 66.11 平方千米，下辖 14 个行政村，常住人口 0.74 万人。

· 国家卫生镇
· 省级"污水零直排区"建设标杆乡镇
· 省级小城镇综合整治和小城镇文明行动"双样板"乡镇

沉香塔：始建于宋开宝元年（968），由五代吴越国王钱俶夫人孙妃所建，位于龟山之巅。此塔曾多次被毁，多次重修。2005 年，民间筹资 300 多万元重建。

莒溪刘基庙：明弘治七年（1494）刘基六世孙刘启宽迁此所建，位于南山村，又称刘文成公庙、诚意伯庙。建成后每年元宵节和中秋节举行刘伯温春秋二祭活动，表达后人对刘基的怀念和敬仰，活动入选省级非遗项目。系省级文保单位。

蔚文桥：建于清乾隆年间，位于西厅村。桥东西向，为石拱廊桥，桥拱呈半圆形纵联券，用不规整石块叠砌，为清早期建筑风格，颇具浙南山区桥梁建筑特色。系县文保单位。

莒溪大峡谷：素有"浙南九寨沟"之美称。谷深幽静，景色奇秀，集华山之险、黄山之奇于一身，是以旅游、度假、探险、科普研究为主要功能的森林公园。

大峨村：以"廊桥故里、峡谷人家"为主题，打造省级休闲乡村，发展民宿产业群，走上"共富之旅"。系国家森林乡村、省文明村。

始建于明洪武二年（1369），民国十九年（1930）设立霞关镇。东南濒临东海，与福建海域连接。总面积34.5平方千米，下辖1个居民区和10个行政村，常住人口1.16万人。

- 中国虾皮之乡
- 国家级对台劳务输出和小额贸易口岸
- 国家第三批更加开放对台贸易试点口岸
- 省5A级景区镇
- 省小城镇环境综合整治样板镇

张培农： 1902—1939年，1925年加入中国共产党，浙南农民运动的先驱，曾任中央农运特派员、原平阳县农民协会会长。

霞关老街： 老街形成距今已有600多年历史，沿街建筑物一般都有六七十年历史，最古老的已百年以上。因依山而建，街内都是高低起伏的台阶，从古至今只能步行。系中国华侨国际文化交流基地，获评省旅游业"微改造、精提升"实践案例最佳案例。

霞关鱼丸： 获省农博会优质奖，配方独特，以纯手工打造，追求绿色、安全、营养、美味的卓越品质。

霞关渔港： 国家一级渔港，坚持"以渔兴渔，以渔兴港"的发展战略，发展渔业基地化、规模化、产业化，物产丰富，盛产虾皮、黄鱼、紫菜、梭子蟹等。

虾皮产业： 为霞关镇重要产业，年产值约为5亿元。

霞关渔港

沿浦镇

民国二十一年（1932）始建乡，1993年改设镇。毗邻福建福鼎，总面积34平方千米，下辖13个行政村，常住人口1.29万人。

· 中国紫菜之乡
· 省卫生城镇
· 省级零碳试点乡镇
· 省级重要湿地——沿浦湾红树林湿地

沿浦湾：总面积1923.5公顷，湾内平均水深2米，海水盐度较高，有取之不尽的盐源。其中滩涂面积1433.33公顷，水质肥沃，海洋生物资源丰富。

红树林：苍南在沿浦湾构建"红树林种植—生态养殖耦合"共存模式，发展林下经济。是我国北缘最大的海湾红树林园区，约3000亩，列入国家"蓝色海湾"综合整治行动项目。

界牌村：浙江最南边的一个村，因明代于此立两省界碑而得名。拥有良好的深水港湾，是远近闻名的大黄鱼深海网箱养殖基地。

紫菜养殖：紫菜养殖面积达6000亩，年产量近1100吨，年产值近6000万元。

绿能小镇：全国首个与核电项目同时规划、同步实施、同为一体的特色小镇，打造产城融合、生态创新、活力宜居的绿能智谷。

紫菜养殖基地

1997 年始设镇。总面积 21.88 平方千米，下辖 7 个行政村，常住人口 0.85 万人。

· 国家卫生城镇
· 省传统革命老区镇
· 省美丽城镇达标镇
· 省森林城镇
· 省"矾都矿乡"县域风貌样板区乡镇之一

溪光炼矾旧址

吴毓：1911—1943 年，历任闽浙边抗日游击总队驻温州办事处主任、新四军驻浙江办事处主任等，是党在浙江抗日民族统一战线的组织者和执行者。

普安道院：建于后晋天福年间，寺内有宋代石砚台一方、礋石二枚、清代石水槽一方，称为镇寺"三宝"。

溪光炼矾旧址：占地面积约 3000 平方米，使用年代为清至 20 世纪 60 年代，是一处保存较完整的民窑炼矾旧址。系省级文保单位。

古民居群：镇内多个村落为清代乾嘉时期建造，其中北山村李氏古民居规模最大，现保存完好。系县文保单位。

古樟树：位于南宋村，植于宋徽宗年间，树龄约 920 年，有"苍南树王"之称。

豆饼：起源于清光绪年间，由当地盛产的稻米和豌豆加工制作而成，是颇受欢迎的休闲美食。

豆饼

1958 年始称凤阳畲族乡。总面积 21 平方千米，下辖 5 个行政村，常住人口 0.21 万人。

凤阳窑址群：窑址群内并存有大量窑床、作坊遗址、瓷土取土地点等丰富的遗迹，时代跨度从宋代至明末清初，有青瓷、青花瓷、釉陶类器物等丰富制品类型。对研究闽浙两省民间窑业的交流和两地的文化交流具有一定价值。系省级文保单位。

雷云故居：雷云于清咸丰十年（1860）考取拔贡，钦赐"贡元"，是苍南县境内第一位畲族秀才。故居建于清咸丰年间，是一座二层走马楼式、木质结构的四合院。

杜鹃花海：凤阳以"云海、石海、花海、星海"四海景观而知名，融畲族文化、白鹤仙师传说、鹤顶山自然风貌和 4000 亩野生杜鹃为一体，是省内观赏杜鹃花的网红地。

鹤山桃形李：外形似桃，含糖量高，没有普通李子的酸涩口感，列入省"好畲品"名录。

杜鹃花海

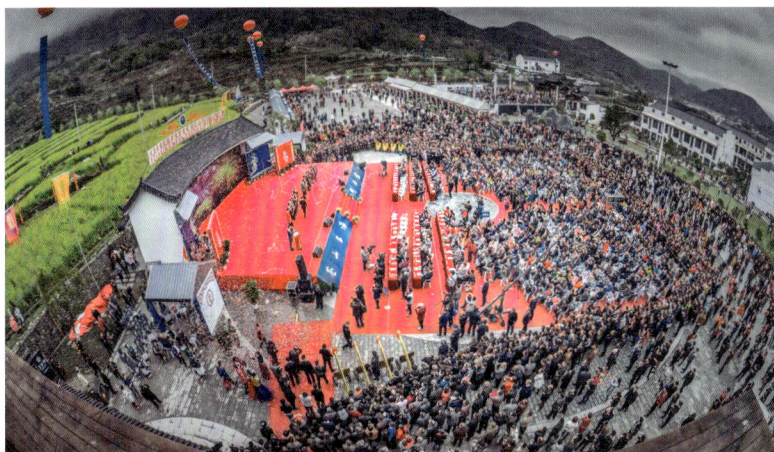
畲族盛会（三月三）

特早熟蜜橘

1958 年始称岱岭畲族乡。西南毗邻福建福鼎，总面积 20.17 平方千米，下辖 7 个行政村，常住人口 0.23 万人。

郑慎斋： 1873—1915 年，中国第一家美术团体"中国工商业美术家协会"理事，曾于清宣统三年（1911）在家乡东宫村创办鸣山学堂，为平阳境内第一所少数民族学校。

畲族刺绣： 俗称"绣花"，是畲族民间传承的独特的手工技艺。工艺流程较为简单，题材大多为植物、动物和几何条纹。系省级非遗项目。

畲族博物馆： 建筑面积 1300 多平方米，馆藏大量文物实物和图片，是苍南县畲族对外宣传展示的重要窗口。系省级乡村博物馆。

特早熟蜜橘： 种植面积 1500 亩，独特的地理位置及优越的气候，使岱岭特早熟蜜橘皮薄肉多汁甜。

畲族风情文化园： 是一个传承和弘扬畲族文化的平台，有畲族服饰、刺绣、婚嫁、畲歌、竹竿舞、捣糍粑、磨豆浆等场景表演。

• 国家卫生乡镇
• 省美丽城镇
• 省级民族团结进步创建重点培育单位
• 省美丽乡村示范乡镇
• 省级生态乡镇

山海相融　秀美苍南 ——

12

蛟龙出港
扬帆远航

龙港位于温州南翼、东海之滨。1983年建镇，2019年8月撤镇设市，是全国首个"镇改市"，全国唯一实行"大部制、扁平化"行政管理体制改革的县级市。面积183.99平方千米，直辖102个社区，常住人口46.94万人，2022年地区生产总值370.14亿元。

底蕴深厚的文化之城。龙港的历史可追溯至三国时期，史载东吴曾于楼石山麓伐木造船。出土的东晋时期文物《朱曼妻地莂》极具历史研究价值。迨唐以降，龙港修堤筑塘、围

海造田。北宋年间，陈经正、陈经邦兄弟建会文阁，传播伊洛理学，开启学统。宋代以来，学术薪火传承不绝，陈尧英、吴宝秀等英才辈出。改革开放后，从"中国第一农民城"到"全国首个镇改市"，龙港人民铸就了"敢闯敢试、创新创业、重理重义、开明开放"的独特品质。龙港自设市以来，传承千年历史文脉，弘扬改革创新文化，不断放大"龙港现象"当代价值。

美丽乡村

勇于创新的改革之城。 20 世纪 80 年代初，龙港在全国率先推行土地有偿使用、户籍管理、发展民营经济三大制度改革，历经全国小城镇综合改革、浙江省强镇扩权、国家新型城镇化综合改革等试点，实现从小渔村到农民城、产业城、撤镇改市的三次历史性跨越。设市以来，获批城市标准化综合试点等 4 个国家级改革试点，荣获浙江省改革突破奖，入选中国改革典型案例，中央深改办、国家发改委先后发文推广"龙港模式"。

产业集聚的发展之城。 龙港坚持工业立市、产业兴市、制造强市的发展战略，拥有中国印刷城、中国礼品城等 5 张"国字号"金名片，跻身全国县域发展潜力百强。当前，龙港正着力培育新能源装备、生命健康、机械制造三大重点新兴产业，发展壮大印刷包装、新型材料、绿色纺织三大百亿级产业集群。温州大都市区南部强劲增长极、浙南闽北重要对外开放平台、粤闽浙沿海城市群重要节点城市呼之欲出。

龙港全景

鲸头秀水街

龙港

· 中国印刷城
· 中国礼品城
· 中国印刷材料交易中心
· 中国台挂历集散中心
· 中国非织造材料产业集聚示范基地

朱曼妻地莂：又称晋朱曼妻薛氏买地券，为东晋石器，阴刻篆书，刻于咸康四年 (338)，长一尺一寸、宽六寸五分、厚二寸。清光绪二十五年（1899），于平阳县云岩乡鲸头村（今龙港市鲸头社区）出土。为迄今为止发现的唯一一件东晋篆书碑刻，属国家一级文物，现藏于温州博物馆。

陈经正、陈经邦兄弟：北宋年间迁居平阳十都（今属龙港市），因仰慕伊洛之学，两人曾受业于宋理学奠基人程颐、程颢兄弟。北宋崇宁二年（1103），在浦源（今龙港市利民社区）读书，并建会文阁，现旧址尚存。后又在南雁荡山建会文书院。陈氏兄弟致力于传播北方"伊洛理学"，开永嘉学派之先声，著作多散佚，仅存《会文阁记》《游南雁荡山》。

方城底全景

龙港新城

麟头姜立夫故居

刘绍宽：1867—1942 年，字次饶，号厚庄。近代温州地区社会活动者、教育和地方文化事业的先贤。著有《厚庄诗钞》《东瀛观学记》《民国平阳县志》等，其中《厚庄日记》被学术界誉为"跨越清季与民国时期的地方史料库，记录半世纪温州风云的乡土文献"。

姜立夫：1890—1978 年，温州最早的"洋博士"之一，几何学的泰斗。毕生从事现代数学传播工作，致力于研究圆素几何和球素几何等，被胡适称为"中国现代九大圣人"之一，也被《中国大百科全书》誉为现代数学在我国最早和最富有成效的播种人。

方城底古寨城：初建于明洪武七年（1374）。明洪武十九年（1386）信国公汤和主持筑建 59 座卫所城，方城底为其中一城，后改为肥艚寨。明嘉靖二年（1523）改设肥艚巡检司，现尚留存肥艚巡检司遗址，系县级文保单位。2020 年，龙港对东城门进行修缮并恢复了西城门和南城门，形成了如今"三城门一井一桥"格局。

龙腾之印

龙港中学

　　鲸头古村落：北宋时期就已形成以杨府殿为中心的古集市村落风貌，现还保存有秀水古街、古戏台等留风遗韵，是集宗教文化和自然风光于一体的景点村落。古村民俗文化活动丰富多彩、形式多样，有太平龙迎新春、参龙等非遗保护项目。系中国传统村落、省历史文化名村。

　　舥艚中心渔港：位于龙港市舥艚社区，为国家二级渔港。其北面为鳌江入海口，东面有琵琶门形成渔港口门，地理区位优越，具有天然掩护。渔港历史悠久，早在700多年以前就有海洋渔业的捕捞历史，是张网渔业的起源地之一。

龙港舥艚开渔节

蛟龙出港　扬帆远航

221

龙港滩涂红树林

千亩红树林基地：全省红树林生长情况最好的片区之一。树高在 3～5 米，林相整齐、葱茏苍翠，非常壮观，是龙港重要的标志性省级生态湿地公园，被列入省重要湿地名录。

龙腾之印：象征着龙港新精神的城市雕塑，代表着龙港人民担负重任、顶天立地的大无畏精神。雕塑主字体选用书法名家谢云的题字，主雕柱面融入了龙港的"四大金名片"、人口基数、所处经纬度、落成时间等文字元素，通过阴刻、阳刻、反转等艺术处理手法结合肌理表现，营造出盘龙立柱的恢宏气势。

余家粉干：源于北宋初年，系当时工部尚书余氏靖公晚年弃官归隐时首创之业。选用优质大米，经多道传统工艺精制而成，柔韧易炒且有嚼劲，多次荣获浙江省农业博览会金奖。

东门垟蛏子：芦浦片区东门垟村是浙南著名的蛏子养殖专业村，村民养殖蛏子最早可追溯到清光绪年间，为该村主要经济支柱之一。东门垟蛏子以个大、肉嫩、味美闻名，目前正申请国家地理标志商标。

产业规模：印刷包装业、绿色纺织业是龙港传统支柱产业，龙港是全国三大印刷包装产业基地之一，拥有相关企业近 2000 家，年产值 200 亿元以上；

全国非织造材料产业集聚示范基地，拥有相关企业 100 余家，年产值达 100 亿元。近年来龙港积极布局新兴产业，新型材料业是龙港三大百亿级产业之一，年产值 200 亿元，拥有相关企业 400 余家，多家企业获省级科技进步奖。

青龙湖高新技术产业园区：规划面积 10.6 平方千米，由"北部印艺小镇区块＋南部产业新城区块"组成。为省级高新区，现入驻高新技术企业 55 家、省科技型中小企业 168 家。

基层治理：作为全国新型城镇化改革试点，龙港市成立后不设街镇，探索构建了"党建统领、市管社区、贯通网格、组团服务、整体智治"的基层治理新模式，催生了一批活力社区：全国民主法治示范社区、未来乡村华中社区，全国乡村治理示范村、省美丽乡村特色精品村中对口社区，省历史文化名村麟头社区（村）等。

规划重点：龙港规划打造"一轴一带一新城"，"一轴"为世纪大道景观轴，打造为"温州第一路""最美迎宾大道"；"一带"为滨海都市风情带，打造为多元一体风情海岸示范；"一新城"为龙港新城，建设成为展现龙港改革发展形象"新地标"。

龙港中央城

温州市行政区

金华市
丽水市

图 例

设区市政府驻地　　　　省界
县（市、区）政府驻地　　设区市界
乡（镇）政府　　县（市、区）界
街道办事处　　驻地
行政村　　　　　铁路及火车站
机场　　　　　　在建铁路
全国重点文物保护单位　市域铁路
国家级风景名胜区　　在建市域铁路
国家森林公园　　在建 高速
国家级自然保护区　在建 国道
山峰　　　　　　　省道
　　　　　　　　　县道

温州设计集团有限公司　编制
审图号：浙温S(2023)09号　比例尺：1:670 000
本图界线不作为划界依据，基础地理底图资料由温州市自然资源和规划局提供。